GOTT LEBT!

GOTT LEBT!

Bibliografische Information der Deutschen Nationalbibliothek:
Die Deutsche Nationalbibliothek verzeichnet diese Publikation in der
Deutschen Nationalbibliografie; detaillierte bibliografische Daten sind
im Internet über dnb.dnb.de abrufbar.

Inhalt, Lektorat, Cover,
Illustrationen, Gestaltung:
© WITHJESUS.ME
Herstellung und Verlag: BoD – Books on Demand, Norderstedt

ISBN 978-3-7583-1156-7

Inhaltsverzeichnis

0.0 Vorwort? Überflüssig!   **9**

0.1 Keine Zeit zum Herumreden 9
0.2 Read first: wie ist dieses Buch zu lesen? 9

1.0 Wie lautet die wichtigste Frage der Menschheit?   **10**

1.1 Vielleicht: wie kann ich mehr Sex haben? 10
1.2 Oder: wie kann ich mehr Geld haben? 10
1.3 Gibt es Gott? Welche Konsequenzen hätte das?
     Welcher Gott ist es? Woran könnte ich Ihn erkennen? 13

**2.0 Gott lebt – Sapere Aude!
       Widerspruchsfreie Fakten = mehr als „Wahrheit"!
       Warum es nur der Gott der Bibel sein kann**   **12**

2.1 Was heißt „Sapere Aude"? Was wir jetzt *nicht* tun sollten 12

**2.2 Gott lebt – wissenschaftlicher Nachweis – Jesus ist Sein Sohn.
       Das größte und wichtigste Wunder Ihres Lebens** **13**

2.3 Gott sieht und hört Sie, wenn Sie beten, Sie können Ihn hören . . . 15
2.4 Beten hilft – es ist *nicht* alles vorherbestimmt! 21
2.5 Bibelprophetien & Jesus – *nicht* „danach" geschrieben: Beweise . . . 24
2.6 Weitere Nachweise: logisch, physikalisch – es *muss* „mehr" geben . . 40
2.7 Weitere Nachweise: die Bibel – nein, sie wurde nie „verfälscht" . . . 58
2.8 Weitere Nachweise: Nahtoderlebnisse – wir sind auch Seele, Geist . 69
2.9 Was ist die Bibel? Der Eingang zum größten Abenteuer! 72

**3.0 Christentum ist keine Sekte, nicht „esoterisch",
       keine „Religion" und keine „Philosophie", sondern ...**   **76**

3.1 Jesus – oder Esoterik, Okkultismus, Astrologie, Philosophie? 78

4.0   Aber was ist mit den anderen Religionen?   **91**

4.1   Was hat der Astronaut Ulf Merbold mit diesem Kapitel zu tun? . . .   92
4.2   Andere Religionen aus Sicht der Bibel. Was Christen *nicht* glauben   93
      (Über die Kindestaufe S. 92)

5.0   Jesus und die ständig gleichen Missverständnisse:
Kreuzzüge? Hexenverbrennungen? Kindesmissbrauch?
„Warum lässt Gott Katastrophen zu?"   **99**

5.1   Jesu Botschaft und was Menschen daraus machen – ein Graus . . .   99
5.2   Kreuzzüge? Hexenverbrennungen? Kindesmissbrauch? Jesus-Nazis?   100
5.3   „Warum lässt Gott Katastrophen zu?" Was ist Sünde, Hölle? 105
5.4   Die Bibel, die „Betriebsanleitung der Christen" (© WithJesus)
      ist sie „blutig", „mittelalterlich" oder „frauenfeindlich"? 110

6.0   So profitieren Sie von Jesus – jetzt geht's los!   **118**

6.1   Wer ist Jesus? Gott Vater? Der Heilige Geist? Die Dreifaltigkeit?
      Ist Maria die „Mutter Gottes"? Und – wer ist ein Christ? 118
6.2   Müssen Christen immer in die Kirche laufen? Nie wieder Sex? . . . 122

6.3   So profitieren Sie von Jesus – Schritt für Schritt Anleitung:
Gratis Mitgliedschaft, Hilfe für Alle(s): Heilung, Existenz, Ehe uvm.
Die größte Zeit-, Nerven- & Energie-Ersparnis Ihres Lebens
Das größte & coolste Abenteuer – sicher durch die Endzeit
So kommen Sie „in den Himmel" – ewiges Leben im Paradies . . 125

7.0   Wer ist das WithJesus-Team und was tun wir?   **148**

7.1   Wir sind keine Sekte, sondern ganz normale Typen 148
7.2   „… viele spirituelle Wege – meiner, Deiner?" Bis bald! 150

Die perfekte Ergänzung zu diesem Buch ist die Bibel
und das Buch „Glauben? Wissen!" des With-Jesus Teams

Liebe Leserinnen und Leser,

bitte borgen Sie sich dieses Buch nicht aus, bitte kaufen Sie es –

Sie unterstützen mit dem Kauf dieses Buches die caritative Arbeit des WithJesus-Teams.

Für einen geringen Kaufpreis erhalten Sie 150 Seiten großartige, auferbauende und spannende Hintergrundinformationen ...

... UND helfen mit, leistbares Wohnen für bedürftige Menschen zu schaffen.

Wenn Sie das Buch gekauft haben: Danke!!!

Gottes Segen wünscht Ihnen das With-Jesus-Team

0.0 Vorwort?
Überflüssig!

0.I Keine Zeit zum Herumreden

Sehr geehrte Damen und Herren,
Lebenszeit ist unwiederbringlich, deshalb gleich zum Punkt:
Wir vom WithJesus-Team wollen Ihnen mit diesem Buch die ermutigendste Nachricht der Welt weitergeben und wollen helfen, das viele Leid dieser Welt zu lindern und die immer gleichen Fragen zu beantworten.
Mit widerspruchsfreien, weil wissenschaftlich belegten Fakten.
Der geniale Journalist Herbert Völker und sein Freund, Rennfahrer Niki Lauda, beklagten einst sehr treffend in Laudas Biographie „... die immer deutlicher erkennbare Sinnlosigkeit des Herumredens".
Kein Tag, keine Minute kommt wieder – Geld kann man wieder verdienen, wenn man es verliert. Aber Zeit nicht. Deshalb wichtig:
bevor Sie zu lesen beginnen, *bitte* bitten Sie Gott in einem ganz formlosen Gebet „in Jesu Namen – bitte mach mir mit Deinem Heiligen Geist den Inhalt dieses Buches verständlich". *Bitte, jetzt.* Den Verfassern dieser Zeilen ist völlig klar, dass Ihnen das höchstwahrscheinlich komplett bescheuert vorkommen wird. Aber es hat einen Sinn, der im vorliegenden Buch erklärt wird.

Wenn Sie wollen, dass Gott Ihrem Leben gratis zu ungeahnter Entfaltung, Freiheit, Blüte und Erfüllung verhilft, lesen Sie dieses Buch.
Jaajaaa, wir wissen, wie Wörter wie diese für manche Leserinnen und Leser jetzt wirken – auch Ihre WithJesus-Autoren *dieser Zeilen* konnten über solche Formulierungen, bevor sie Christen wurden, nur milde und kopfschüttelnd lächeln.
Dieses Buch beinhaltet die wertvollste Information, wissenschaftlich nach-gewiesen, die ein Mensch bekommen kann. Deshalb ...

0.2 ... read first: wie ist dieses Buch zu lesen?

Jetzt.

1.0 Wie lautet die wichtigste Frage der Menschheit?

I.I Vielleicht: wie kann ich mehr Sex haben?

Bitte um Verständnis für den etwas nonkonformistischen Beginn dieses Buches, aber ein Hauptbestreben eines großen Teils der Menschenheit scheint sich nur um folgende Frage zu drehen: wie kann ich mehr Sex haben?

Dass Sex bei Gott nicht verboten und sogar ein wunderschönes Geschenk von Ihm ist, lesen wir in Kapitel 6.2.

Aber ab einem gewissen Alter wird man ein wenig unabhängiger von der Geißel der Potenz :-) und kann freier denken – und stellt sich andere Fragen.

Etwa diese hier:

I.2 Oder: wie kann ich mehr Geld haben?

Die Existenz abzusichern, sich Wünsche zu erfüllen, für die Jahre des Alters vorzusorgen, den Kindern etwas zu hinterlassen oder sich vielleicht sogar caritativ zu engagieren wird in späteren Jahren wichtiger als Sex.

Noch ältere Menschen können auch nicht mehr so energiegeladen arbeiten und wünschen sich viel mehr als Geld Frieden in der Familie, Ruhe und Harmonie, den Lebensabend entspannt zu genießen.

Alte Menschen haben ein für Jugendliche kaum nachvollziehbares Bewusstsein erlangt: das Leben kann bald oder vielleicht sogar jeden Moment „aus" sein.

Was kommt dann?

Also kann auch die Frage nach mehr Geld auch nicht die wichtigste sein.

Hieße die wichtigste Frage der Menschheit dann nicht:

I.3 Gibt es Gott?
Welche Folgen hätte das?
Welcher Gott ist es?
Woran könnte ich Ihn erkennen?

Wenn es Gott wirklich geben würde, ...

... dann gibt es vielleicht auch ein Leben nach dem Tode, und werde ich dann meine verstorbenen Verwandten und Freunde wiedersehen?

Gibt es den Himmel, das Paradies, oder die Hölle?
Wo komme ich nach meinem Tod hin? Hört mich Gott, wenn ich bete?

Wenn es Gott gäbe, dann hätten sämtliche sozialen, ethischen, moralischen Vorsätze der Menschen einen tieferen Sinn.

Denn in jeder Religion gibt es eine Art Regelwerk, die „gute Menschen" irgendwie belohnt und „bösen Menschen" Konsequenzen angedeihen lässt.

Aber welcher oder wessen Gott kann es sein?

Wie könnte man erkennen, dass es „der eine Gott" ist?
Das hieße ja auch, dass alle anderen Religionen, deren Gott es *nicht* ist, eine Illusion wären ...

Wenn es Gott gäbe, wäre vielleicht eine weitere Frage geklärt:
die Frage nach dem Sinn des Lebens.

Unabhängig aller persönlichen Meinungen, Eindrücke und Erfahrungen, nachvollziehbar für alle Menschen, die logisch denken können:

Das WithJesus-Team ist absolut überzeugt,
Nachweise für die Existenz *des einen* Gottes gefunden zu haben.

2.0 Gott lebt! Sapere Aude! Widerspruchsfreie Fakten = mehr als „Wahrheit"! Warum es nur der Gott der Bibel sein kann

2.1 Was heißt „Sapere Aude"? Was wir jetzt nicht tun sollten

Sapere Aude ist eine berühmte Aufforderung des lateinischen Dichters **Horaz** (65-8 v. Chr.) und heißt so viel wie: „wage es, weise zu sein".

Emmanuel Kant, Philosoph, zitierte es 1784 als seinen legendären **Leitspruch der Aufklärung**: „Aufklärung ist der Ausgang des Menschen aus seiner selbst verschuldeten Unmündigkeit ... sapere aude! Habe Mut, Dich Deines eigenen Verstandes zu bedienen!" **Verstand benutzen? Ja! Das wollen wir hier machen!**

Was wir jetzt *nicht* tun sollten – Vorsicht vor Selbstbetrug:
in jeder Religion, in Medidationen, spiritistischen Sitzungen, durch irgendwelche Meister irgendwelcher Glaubensgruppen, Sekten, u.s.w. kann man subjektive Eindrücke und Erlebnisse verschiedenster Art erlangen, von denen man glaubt, sie seien übernatürlicher Herkunft – *so etwas* suchen wir *nicht!*

Wir wollen auch nach mehr suchen als Meinungen oder gar „die Wahrheit" – ein viel zu oft missbräuchlich und inflatiös verwendeter Begriff.
Wir wollen *wissenschaftlich arbeiten* und suchen für den Nachweis der Existenz eines lebendigen Gottes ausschließlich *widerspruchsfreie Fakten*.

Liebe Leserinnen und Leser, bitte vergessen Sie jetzt *alle* Vorurteile, die sie gegen die Bibel haben, egal, ob wegen unglücklicher Situationen, subtiler Beeinflussung oder weil Sie sich im Schulgottesdienst gelangweilt haben:

Bitte, wie Emmanuel Kant uns auffordert, *haben Sie Mut,* sich auf s Neue von der Bibel und dem vorliegenden Büchlein erfrischen zu lassen, dessen Inhalt das größte Abenteuer des Universums bereit hält: *persönlich für Sie.*

2.2 Gott lebt — wissenschaftlicher Nachweis — das größte und wichtigste Wunder ihres Lebens!

Bei allem Respekt: wenn Sie, werte Leserinnen und Leser, von den folgenden Zeilen nicht in positiver Hinsicht erschüttert sind, haben Sie die Botschaft nicht verstanden: *hier, jetzt,* folgt die größte Frohbotschaft der Welt — bitte, lesen Sie diesen Text langsam und mit ganzer Aufmerksamkeit:

Die Bibel ist *das einzige* nachweislich übernatürliche Buch der Welt. (Bis auf ein paar Bücher von Prophetinnen und Propheten, die aber auch eigenartigerweise *alle* Juden oder Christen waren). **Logisch, der Reihe nach:**

1.) In der Bibel steht geschrieben, dass Prophetinnen und Propheten Informationen über *konkrete* zukünftige Ereignisse bekamen, die diese Prophetinnen und Propheten nicht wissen konnten: z.B. das Schicksal von Städten, Königen, Völkern, Ausgang von Kriegen u.v.m. Die ProphetInnen bekamen diese Informationen über die Ereignisse, *bevor* die Ereignisse stattfanden — das ist historisch und logisch nachweisbar.

2.) Die Informationen = Ankündigungen war in ihnen vorher nicht „enthalten".

3.) Diese Ankündigungen gingen aber *alle* in Erfüllung — sie wurden wahr, nachweislich *nachdem* die ProphetInnen diese erhalten hatten. Sie wurden wahr, selbst wenn die biblischen ProphetInnen manche der Ankündigungen für völlig unwahrscheinlich gehalten hatten.

4.) Diese biblischen Ankündigungen müssen eine Art „Absender" haben, der

5.) *lebendig* sein muss, denn etwas „Totes" kann keine Ankündigungen geben.

6.) Der Absender muss unabhängig sein von unserem Raum- und Zeitgefüge, denn der Absender kann ja in die Zukunft schauen.

7.) Der Absender muss uns irgendwie gerne haben, sonst würde er uns nichts mitteilen. Und er bietet uns ewiges Leben an und noch viel mehr.

Diese Beschreibung passt perfekt zu *dem* Gott, von dem die Bibel berichtet und dessen „Tatsächlichkeit" hier nachgewiesen wird, denn ...
... diese Schlussfolgerungen bezeichnet man im sog. wissenschaftlichen Arbeiten (ein definierter Begriff) als „widerspruchsfreien Fakt", und ...
... wir haben null Motivation, weder Ihnen, liebe Leserinnen und Leser, noch uns selbst, eine Illusion vorzutäuschen. Das hier ist *mehr als Wahrheit:*

• Conclusio 1/3: wir haben hier, auf dieser Seite dieses Buches, herausgefunden, dass die Bibel beweist: GOTT LEBT.

Nur die Bibel prophezeit verbindlich konkrete Ereignisse, die nachweislich danach stattfanden: ziemlich genau 6408 Prophetien, von denen zur Zeit 3268 in Erfüllung gegangen sind[1]. **Trefferquote: 100 Prozent.** Die restlichen Prophetien der Bibel sind für die Zukunft angekündigt – wir dürfen deshalb damit rechnen, dass diese ebenfalls zu 100 Prozent eintreffen werden. Die Bibel ist also *übernatürlich* inspiriert: von „über unserer Natur", jenseits unserer Dimension, unseres Raum-Zeit-Gefüges. Keine andere „Betriebsanleitung einer Religion" (© WithJesus :-)) kann das. **Damit ist die Bibel *zumindest* der mit höchster Wahrscheinlichkeit sicherste Nachweis der Existenz eines Gottes.**

Damit ist auch die Behauptung vieler Menschen, „Christen glauben an Gott wegen Angst vor Vergänglichkeit, Ewigkeit" etc. **widerlegt:** denn die Argumente des vorliegenden Kapitels sind wissenschaftlich nachweisbare Fakten.

War Jesus Gottes Sohn? Ca. **300 Bibelprophetien kündigen Jesu Kommen & Leben mit präzisen Beschreibungen an** (hunderte Jahre vor Jesu Geburt!) und, dass Jesus Gottes Sohn und unser Erlöser ist. **Trefferquote: ebenfalls 100 Prozent.** Bestätigt sogar u.A. von römischen Geschichtsschreibern!
Alle, die Jesus folgen, sind Gottes Kinder (s. Johannes 1,12-13), aber Jesus ist *Gottes ganz spezielles Kind – Sein Sohn.*
• **Conclusio 2/3: wir haben hier, auf dieser Seite dieses Buches, herausgefunden: JESUS IST SOHN DES GOTTES DER BIBEL und unser Erlöser.**

Die Fakten dieses Kapitels beweisen: Gott vermittelt sich den Menschen nur durch die Bibel und die Juden – **denn die Bibel wurde ausschließlich von Juden geschrieben.** Obwohl die Juden in der Bibel das „Volk Gottes" sind – haben sie sich mit der Bibel ein Denkmal gesetzt oder einen Vorteil verschafft? Nein! Denn mit verblüffender Ehrlichkeit beschreiben die Juden in der Bibel ihre Fehltritte, Untreue und Abfall von Gott und die daraus entstehenden entsetzlichen Konsequenzen, aber auch ein „Happy End" für *alle* Menschen!

• **Conclusio 3/3: darum ist die Bibel das glaubwürdigste Buch der Welt.**

Bibelprophetien erzählen von der Zukunft, damit *alle Menschen* sich darauf einstellen und gigantischen Segen empfangen können. Gegenargument:

„Aber, aber, die Bibel wurde doch von Menschen geschrieben!" Richtig. ***Aber Gott hat diktiert!*** Siehe Seite 13, Punkt 1 bis 7.

---

1 Gitt, Dr. Werner, „Fragen – die immer wieder gestellt werden", Christliche Literatur-Verbreitung, Bielefeld 1998, S. 29. „Zur Zeit" heißt: Sommer 2021

2.3 Gott sieht und hört Sie, wenn Sie beten, Sie können Ihn hören, um Hilfe bitten, und beten hilft — es ist nicht alles vorherbestimmt!

Bevor wir näher auf das Wunder der Prophetien der Bibel eingehen, hier eine für Sie zunächst wichtigere Information: **wenn Sie beten, werden Sie davon profitieren. Und beten geht ganz einfach:** Jesus erklärt das in **Matthäus 6,6f:** *„Du aber, wenn du betest, geh in dein Kämmerlein und schließe deine Türe zu und bete zu deinem Vater, der im Verborgenen ist; und dein Vater, der ins Verborgene sieht, wird es dir öffentlich vergelten. Und wenn ihr betet, sollt ihr nicht plappern wie die Heiden; denn sie meinen, sie werden erhört um ihrer vielen Worte willen. Darum sollt ihr ihnen nicht gleichen!* **Denn euer Vater weiß, was ihr benötigt, ehe ihr ihn bittet.** *"*

Aha – **Gott weiß schon,** *bevor* wir Ihn um etwas bitten, was wir *brauchen* – nicht nur, was wir *wollen* – das ist oft nicht dasselbe.

Gottlob brauchen wir im Christentum weder komische Gewänder, tausende Räucherstäbchen, noch müssen wir uns ungezählte Male auf den Boden werfen oder drehen, singen, summen oder andere merkwürdige Rituale.

Wir dürfen dem Gott der Bibel beim Beten genauso ehrlich begegnen wie ein kleines Kind seinen liebenden Eltern.

Betrachten Sie das vorliegende Buch als eine Abenteuerreise. Es hat keinen Sinn, sich Gerüchte ins Ohr zu raunen und bei Selbsttäuschung oder Mythen zu bleiben. Wer wie in den berühmten Abenteuer-Kinofilmen, in denen dieser Archäologe mit dem Hut und der Peitsche die Bundeslade finden will, muss aufstehen, **Fakten** sammeln, untersuchen, forschen und Hinweisen nachgehen.

Unzählige Christen haben *Gott reden* **gehört – auch der Autor der vorliegenden Zeilen – wie die Prophetinnen und Propheten der Bibel! Sie können das auch – bitten Sie Gott einfach darum.** Erklärung in Kürze.

Aber lassen wir mal Gott selbst sprechen – wie stellt Gott sich selbst jemanden vor? So wie zum Beispiel in der Geschichte, als Gott aus dem brennenden Dornbusch Mose' Frage nach Gottes Namen beantwortet:

2. Mose 3,14: *„***Gott sprach zu Mose:** *»Ich bin, der ich bin!« Und er sprach: So sollst du zu den Kindern Israels sagen: der »Ich bin« hat mich zu euch gesandt."*

Leute, absoluter geht es doch nicht mehr: Gott bezeichnet sich selbst als der „Ich bin, der ich bin."

Der „Unbeschreibliche" beschreibt sich selbst, und Mose spricht mit Ihm ...

Kann man mit Gott reden — oder Ihn sogar sehen? Eine der schönsten Bibelstellen:

Die Bibel sagt, die Menschen können mit Gott reden. Das ist unfassbar!
Dazu hier eine eine der liebenswürdigsten und schönsten Bibelstellen in
2. Mose 33,11: *„Und der HERR redete mit Mose von Angesicht zu Angesicht, **wie ein Mann mit seinem Freund redet** ..."*
Um ehrlich zu sein: als Ihre WithJesus-Autoren das zum ersten Mal lasen, glaubten sie, dass dies eine locker-flockige Umschreibung einer Bibelstelle war, um sie Teenagern zugänglich zu machen. Aber es steht *genau so* in der Bibel.
Ein Mensch und Gott redeten wie alte Kumpels – ist das nicht großartig?
Das einmal zu erleben, ist doch ein Ziel, dem man sein Leben widmen sollte!
Wenn es damals funktionierte, warum nicht auch heute?
Bitte stellen Sie sich mal vor, dass es tatsächlich ginge:
Mit Gott persönlich reden!
Dann erleben Sie *persönlich*, dass ... Gott lebt!

Aber, wie hört sich Gottes Stimme an? Donnernde Stimme, hallender Bass, gewaltiges Rauschen wie tausende Niagara-Fälle? Nein.
Die Bibel erzählt, wie Gott zu Seinem Propheten Elia spricht, und zwar in
1.Könige 19,11: *„Geh hinaus und stell dich auf den Berg vor den HERRN! Und siehe, der HERR ging vorüber. Da kam ein Wind, groß und stark, der die Berge zerriss und die Felsen zerschmetterte vor dem HERRN her; der HERR aber war nicht in dem Wind. Und nach dem Wind ein Erdbeben; der HERR aber war nicht in dem Erdbeben. Und nach dem Erdbeben ein Feuer, der HERR aber war nicht in dem Feuer. Und nach dem Feuer der **Ton eines leisen Wehens**. Und es geschah, als Elia das hörte, verhüllte er sein Gesicht mit seinem Mantel, ging hinaus und stellte sich in den Eingang der Höhle. Und siehe, eine Stimme geschah zu ihm: ‚Was tust du hier, Elia?'"*
So wird Gottes Stimme beschrieben und so hören Ihn viele Christen:
kein Sturm, kein Erdbeben, kein Feuer, sondern ein *sanftes Wehen,* in manchen Bibelübersetzungen als „Säuseln" beschrieben. Viele Christen hören diese Stimme wie ein „Flüstern im Kopf". Aber sie empfinden in dieser leisen Stimme die unfassbarste Absolutheit und ein „in-sich-Ruhen", wie es kein Mensch der Welt ausstrahlen kann.

Hier eines von unzähligen tatsächlich passierten Beispielen: ein junger Mitarbeiter unseres Teams, der sich nach einem stürmischen Leben für Jesus entschieden hatte, schrieb einer ehemaligen Freundin einen Brief mit der Bitte um Vergebung. Dazu wollte er eine spezielle Bibelstelle zitieren, kannte aber die Bibel noch zu wenig und suchte vergebens die Stelle ... und bemerkte irgendwann, dass er schon die ganze Zeit ganz leise „in sich" ein Flüstern hörte: „... Lukas 10 ... Lukas 10 ...". Der junge Mann dachte zuerst, dass es seine eigenen Gedanken seien, aber dann sah er doch in der Bibel bei Lukas 10 nach – und da war die Bibelstelle! *Das konnte er nicht wissen,* da er damals erst begonnen hatte, die Bibel zu studieren – ein Beweis für die „Tatsächlichkeit" Gottes! Der junge Mann erstarrte in Demut und Dankbarkeit ob der Liebe Gottes und Seiner persönlichen Zuwendung zu ihm, dem „Baby-Christen"!

Wenn die alten Propheten der Bibel Gottes Stimme gehört haben, so wie Mose mit Gott „wie mit einem alten Freund" sprechen konnten, dann können Sie, liebe Leserin, lieber Leser, das auch! Gott freut sich auf Sie!

Natürlich ist es möglich, dass Sie von Ihren eigenen Gedanken beeinflusst werden. Aber das ist normal. Es ist eben **die große Herausforderung**, dass wir lernen, „**die Spreu vom Weizen zu trennen**": wie weit können wir unser Ego, unsere Wünsche und Sorgen mal zur Seite stellen, mal diese Welt einfach Welt sein zu lassen und uns Gott vertrauensvoll nähern? Das gelingt am besten, indem wir immer wieder Gemeinschaft mit Gott suchen, und das wünscht Gott sich auch.

In der Christenheit hat sich dafür der Ausdruck **„Stille Zeit"** etabliert, also einfach Fernseher, Computer und Smartphone abdrehen, auf einen stillen Platz setzen, entspannen, und an nichts denken, als Gottes Nähe zu genießen und zu hören, ob Er Ihnen etwas sagen will. So kann Gott uns auch am besten in dieser gefallenen Schöpfung mit all ihren Ablenkungen helfen, ein erfülltes Leben zu führen. (Gleich mehr dazu auf S. 20)

Und mit der Zeit werden Sie lernen, diese Stimme zu erkennen.

Und, zur Wiederholung, diese Stimme ist *nicht* von irgendeinem „kollektiven Unterbewusstsein", aus keinem wie auch immer gearteten „spirituellen Äther" oder „der unendlichen liebenden Energie" – das sind Erklärungsmodelle von Esoterikern und Okkultisten. Denn wir Menschen sind viel mehr als Bio-Mechanismen, sondern lebende Menschen, *emotional, kreativ und individuell.*

Die Bibel beschreibt uns Menschen als nach Gottes Ebenbild geschaffene Kreaturen, also kann es deshalb nur der *emotionale, kreative und individuelle* Gott der Bibel *persönlich* sein, der uns erschaffen hat.

Gott persönlich – also wortwörtlich *in Person*.

Gott sagt uns zu Seiner Verherrlichung manchmal Dinge, die wir gar nicht wissen können, die sich dann aber als wahr herausstellen – also waschechte Prophetien. Dadurch offenbart Er sich uns und bestätigt gleichzeitig Seine Übernatürlichkeit und Lebendigkeit.

*Denn nur ein **lebendiges Wesen** jenseits unserer Dimension von Raum und Zeit könnte den biblischen Propheten Dinge aus der Zukunft diktieren, **die ALLE wahr wurden!*** Mehr zu diesem Thema in Kapitel 3.3.

Außerdem – eine Natur, ein Universum, das individuelle und kreative Wesen hervorbringt, muss *selbst* die Fähigkeit der Individualität und Kreativität beinhalten. Wie sollte ein totes Universum lebendige Wesen „erschaffen"? Wie könnte aus einem Stein ein Vogel werden? Das wäre metaphysisch unmöglich, mehr dazu in Kapitel 2.6.

Aber wie sieht es aus mit sehen — kann man Gott auch sehen?

Gott ist wie ein Wesen aus einer anderen Dimension, darum kann man Ihn mit unseren „fleischlichen" Augen in unserer „grobstofflichen" Dimension nicht sehen. Gott ist das Heil und diese Welt ist (noch) nicht heil, also kann Er sich uns genauso nicht zeigen, wie ein dreidimensionaler Würfel nicht in eine zweidimensionale Ebene passt: es würde – bitte um Verständnis für das dramatische Wortbild – unsere sterblichen Körper bei Seinem Anblick schlichtweg zerreißen. Als Moses eines Tages Gott bittet *„Lass mich Deine Herrlichkeit sehen!"* erklärt Gott dem Mose in

2. Mose Kap. 33, Vers 20f: *„Mein Angesicht kannst du nicht sehen; denn kein Mensch wird leben, der mich sieht."*

Aber drei Verse weiter schenkt Gott dem Mose doch einen Blick: *„Und es wird geschehen, wenn meine Herrlichkeit vorüberzieht, dann werde ich dich in die Felsenhöhle stellen und meine Hand schützend über dich halten, bis ich vorübergegangen bin. Dann werde ich meine Hand wegnehmen, und du wirst mich von hinten sehen; aber mein Angesicht darf nicht gesehen werden."*

Gott schützt Moses vor Seinem eigenen Anblick! Erst wenn wir im Paradies bei Ihm sind, dürfen wir Gott persönlich erblicken, schreibt Johannes in seinem

1. Johannes-Brief, Kapitel 3, Vers 2: *„Meine Lieben, wir sind schon Gottes Kinder ... wenn es offenbar wird, werden wir ihm gleich sein; **denn wir werden ihn sehen, wie er ist.**"*

Lesen Sie in Kapitel 2.7 über ein (unbeeinflusstes) Kind aus dem direkten Umfeld des WithJesus-Teams, das im Paradies Gott kurz schauen durfte!

Wir können Gott weder komplett geistig erfassen, noch komplett sehen, schon gar nicht mit unseren irdischen Augen. Darum will Er auch nicht, dass wir versuchen, Ihn in Bildern und Statuen abzubilden. Dennoch sind wir jetzt schon (!) von Gott durchflutet, es gibt nichts außerhalb Ihm, erzählt Paulus in **Apostelgeschichte 17, Vers 28:** *„Denn in ihm leben, weben und sind wir."* Bitte sehen Sie dazu Illustration 1 auf dieser Seite.

Gott wünscht sich innigst, dass wir uns *aus freiem Willen* zu Ihm wenden! Deshalb *wirbt* Gott an vielen Stellen in der Bibel um uns, unsere Liebe und unser Vertrauen, hier nur zwei Stellen davon:

Jesaja 55,6: *„Suchet den HERRN, solange er zu finden ist; ruft ihn an, solange er nahe ist. Der Gottlose lasse von seinem Wege und der Übeltäter von seinen Gedanken und bekehre sich zum HERRN, so wird er sich seiner erbarmen, und zu unserm Gott, denn bei ihm ist viel Vergebung!"*

Und **Jesus persönlich** empfiehlt uns Menschen in

Lukas 11,9: *„Und ich sage euch auch: Bittet, so wird euch gegeben; suchet, so werdet ihr finden; klopfet an, so wird euch aufgetan."*

Gott sorgt sich um uns, Er will uns in Seine heile Dimension führen. Damit ist Sein Reich des Friedens, der Liebe gemeint. Er wirbt um uns, Er will uns helfen, erbarmt sich unser und wünscht sich eine persönliche Beziehung mit uns – ja, das geht! Formulieren Sie's, wie Sie's wollen, aber eines ist sicher: Gott ist wie ein sorgender Vater um seine heißgeliebten Kinder – und das sind wir!

Illustration 1:
Sehen Sie die menschliche Figur in der Schrift? Sie zeigt, wie Gott alles durchfließt, wie wir Menschen komplett mit Gott verwoben sind. **Idee: WithJesus-Team, kopieren verboten, danke.**
Nichts ist außerhalb von Gott – und so kann Er uns Ideen schenken, uns im wahrsten Sinne des Wortes mit Seinem Heiligen Geist inspirieren, uns „übernatürlich" von Krankheiten heilen, und wir können Ihn hören, und Er kann uns im Leben helfen. Wir brauchen Ihn bloß zu lassen, indem wir ihn darum bitten – in unserer Sprache, völlig formlos, wie ein Kind seine Eltern.

℗©**WITH JESUS**®

```
Gott Gott Gott Gott Gott Gott Gott Gott Gott Gott Gott
Gott Gott Gott Gott Gott Gott Gott Gott Gott Gott Gott
Gott Gott Gott Gott Gott Gott Gott Gott Gott Gott Gott
Gott Gott Gott Gott Gott Gott Gott Gott Gott Gott Gott
Gott Gott Gott Gott Gott Gott Gott Gott Gott Gott Gott
Gott Gott Gott Gott Gott Gott Gott Gott Gott Gott Gott
Gott Gott Gott Gott Gott Gott Gott Gott Gott Gott Gott
Gott Gott Gott Gott Gott Gott Gott Gott Gott Gott Gott
Gott Gott Gott Gott Gott Gott Gott Gott Gott Gott Gott
Gott Gott Gott Gott Gott Gott Gott Gott Gott Gott Gott
Gott Gott Gott Gott Gott Gott Gott Gott Gott Gott Gott
Gott Gott Gott Gott Gott Gott Gott Gott Gott Gott Gott
Gott Gott Gott Gott Gott Gott Gott Gott Gott Gott Gott
Gott Gott Gott Gott Gott Gott Gott Gott Gott Gott Gott
Gott Gott Gott Gott Gott Gott Gott Gott Gott Gott Gott
Gott Gott Gott Gott Gott Gott Gott Gott Gott Gott Gott
Gott Gott Gott Gott Gott Gott Gott Gott Gott Gott Gott
Gott Gott Gott Gott Gott Gott Gott Gott Gott Gott Gott
Gott Gott Gott Gott Gott Gott Gott Gott Gott Gott Gott
Gott Gott Gott Gott Gott Gott Gott Gott Gott Gott Gott
Gott Gott Gott Gott Gott Gott Gott Gott Gott Gott Gott
Gott Gott Gott Gott Gott Gott Gott Gott Gott Gott Gott
Gott Gott Gott Gott Gott Gott Gott Gott Gott Gott Gott
Gott Gott Gott Gott Gott Gott Gott Gott Gott Gott Gott
Gott Gott Gott Gott Gott Gott Gott Gott Gott Gott Gott
Gott Gott Gott Gott Gott Gott Gott Gott Gott Gott Gott
Gott Gott Gott Gott Gott Gott Gott Gott Gott Gott Gott
Gott Gott Gott Gott Gott Gott Gott Gott Gott Gott Gott
Gott Gott Gott Gott Gott Gott Gott Gott Gott Gott Gott
Gott Gott Gott Gott Gott Gott Gott Gott Gott Gott Gott
Gott Gott Gott Gott Gott Gott Gott Gott Gott Gott Gott
Gott Gott Gott Gott Gott Gott Gott Gott Gott Gott Gott
```

19

So hören Sie Gott:

„Stille Zeit" ist ein etablierter Begriff bei vielen Christen: wir Menschen stopfen uns das Hirn so voll mit medialer Überforderung, Sorgen, Wünschen – wie will man da Gott hören? Planen Sie täglich ein paar Minuten „Stille Zeit" ein, schieben Sie alle Gedanken weg, stimmen Sie sich mit ein paar Zeilen in der Bibel (mehr Info in Kap. 2.8) oder einem Lobpreis-Lied ein und haben Sie entspannt in Geborgenheit und Freundschaft Gemeinschaft mit Gott. Danken sie Gott für alles, was Ihnen einfällt – so merken viele Menschen, wie Gott sie versorgt. Sie können Gott immer um etwas bitten, z.B., Ihnen etwas zu sagen. Schließen Sie die Augen und hören ... nein, nicht mir Ihren „fleischlichen" Ohren. Ähnlich, als ob Sie die Stimme eines geliebten Menschen in einer Erinnerung hören würden – dann haben Sie ja auch deren Klang „im Ohr".

Träume: wenn der Geist der Menschen, der untertags oft von tosenden Gedanken „verstopft" wird, im Schlaf endlich ruhen kann, kommen Gottes Worte endlich zu uns durch. Manchmal verbirgt sich hinter einer Person in einem Traum auch Gott selbst und schenkt uns Worte der Hilfe, des Trosts, Warnungen, Bestätigungen oder Ankündigungen.

Eindrücke, „Bilder": Auch diese Begriffe sind in der Christenheit etabliert. Denn oft bekommen Christen – vielleicht in der „Stillen Zeit"? – in Gedanken ein Bild, Ideen, eine Bibelstelle (mit der Gott uns etwas zeigen will), ein helfendes Wort von Gott für sich selbst oder andere Menschen.
Auch, wenn es nicht sofort passiert: Gott wird Ihnen antworten.

Zusammenfassung dieses Kapitels:
1) Gott lebt
2) Gott hört uns
3) Gott sieht uns
4) Gott weiß, wie es uns geht und was wir *wirklich* brauchen
5) Gott freut sich, wenn wir zu Ihm kommen. Wir können mit Ihm reden wie mit einem Freund ... und Er redet auch mit uns.
6) Gott hat uns mit der Bibel Seine Tipps geschenkt, wie wir ein gesegnetes und geheiligtes Leben mit entfalteten Talenten führen können.
7) Gott liebt uns!
Johannes 10,27: *„Meine Schafe hören meine Stimme, und ich kenne sie und sie folgen mir."* **Das ist ein Zitat von Jesus – mit einem Wort: *Gott ist erfahrbar!***

2.4 Beten hilft — es ist NICHT alles vorherbestimmt!

Klar hilft beten! Wenn wir für etwas gebetet haben und Gott hat erhört und geheilt, geholfen, Probleme gelöst, dann können wir danach meist nicht wissen, ob eine Sache auch ohne Gebet gut ausgegangen wäre. Aber wenn eine Sache *schlecht* ausgegangen ist, *ohne* davor gebetet zu haben, wissen wir: wir hätten beten sollen! Denn beten schadet nicht, sondern kann nur nützen — logisch. Außerdem: **Gott *und* Jesus empfehlen mehrfach, dass wir beten sollen!**
Matthäus 18,19 [Zitat Jesus]**:** „*Wenn zwei von euch auf der Erde gemeinsam um irgendetwas bitten, wird es ihnen von meinem Vater im Himmel gegeben werden.*"

Warum erwähnt Jesus *zwei* Menschen? Vielleicht, damit im Falle egoistischer Wünsche eines Menschen der andere ihn abmahnt. Wir können Gott sowieso nichts verbergen. Denn was wir *wollen*, ist oft nicht das, was wir *brauchen*: wenn z.B. eine Person hasserfüllt ist, wird Gott ihr kaum Reichtum schenken:
Jakobus 4,2: „*Wenn ihr ihn* [Gott, Anm.] *bittet, bekommt ihr es nicht, weil ihr nur in der Absicht bittet, eure unersättliche Genusssucht zu befriedigen.*" Oder:
1. Johannes 3,17f: „*Angenommen, jemand hat alles, was er in der Welt braucht. Nun sieht er seinen Bruder oder seine Schwester Not leiden, verschließt aber sein Herz vor ihnen. Meine Kinder, unsere Liebe darf nicht nur aus schönen Worten bestehen. Sie muss sich in Taten zeigen … der Liebe … Wir erhalten von ihm* [Gott, Anm.]*, worum wir bitten, weil wir **seine Gebote befolgen** …*"
Aha, wenn wir Gottes Gebote befolgen, werden unsere Gebete erhört!
1. Johannes 5,14f: „*Deshalb dürfen wir uns auch darauf verlassen, dass Gott unser Beten erhört, wenn wir ihn um etwas bitten, **das seinem Willen entspricht.***"

Das heißt, Gott kann nur ein Gebet erhören = einen Wunsch erfüllen, wenn dieser Seinem Willen entspricht. **Heißt das, dass wir „keine eigenen Wünsche haben dürfen?"** Nein — denn *unsere* tiefsten, *echten* (nicht egoistischen) **Wünsche hat Er schon längst in uns hineingelegt — diese Wünsche sind** nämlich *Sein* Wille! Gott kann aber Seine Wünsche = Seinen Willen nur in die Welt bringen bzw. diesen Wunsch nur erfüllen = unser Gebet erhören, wenn wir ihn darum reinen Herzens bitten — womit auch Sein Wille erfüllt ist.
Gott will, dass wir Ihn bitten und uns nicht aus eigener Kraft verausgaben:
Jakobus 4,2: „*Ihr versucht es mit Kampf und Gewalt; aber ihr bekommt trotzdem nicht, was ihr wollt, weil ihr Gott nicht darum bittet.*" Im Klartext:
Matthäus 7,8 & Lukas 11,10: „*Denn jeder, der bittet, empfängt; und wer sucht, der findet; und wer anklopft, dem wird aufgetan.*"

Das Wichtigste dabei ist die richtige Herzenseinstellung. **Denn durch beten geben wir Gott erst das Anrecht, uns in unserem Leben zu helfen! Und Gott *will* uns helfen!** Erst recht, wenn wir im Namen Seines Sohnes beten, also deziert aussprechen: „Vater im Himmel, Gott Isaaks, Abrahams und Jakobs, ich bitte Dich im Namen Jesu um Hilfe bei (dieser oder dieser Angelegenheit) ..." Leute, das gilt – und es funktioniert! **Liebe Leserinnen und Leser: Sie können für sich selbst, für Vorhaben etc., aber auch für andere Menschen beten** (Letzteres wird Fürbitte genannt). **Gott wird Sie erhören!**

Hier der wissenschaftliche Beweis, dass beten hilft:
1988 bat der Arzt Dr. Randolph Byrd in San Francisco eine Gruppe lokaler Christen, für 393 Herzpatienten zu beten. Weder Patienten noch Pfleger wussten, dass für sie gebetet wurde. Das Ergebnis war eindeutig: die Patienten erlitten weniger oft Herzversagen, brauchten weniger Medikamente und mussten seltener beatmet werden. Zahlreiche Folgestudien kamen auf ähnliche Ergebnisse. Übrigens: in den Studien beteten allerdings nur Christen ... Weitere Infos unter dem Link der Quelle.[2]
Natürlich wird auch hier ... man möchte fast sagen, sabotiert, denn:
der berühmte atheistische Autor **Richard Dawkins** führt, wie zu erwarten, Gegenstudien an, die die Wirkungslosigkeit des Gebets beweisen wollen. Dann vergleicht er das Gebet mit einem „glückbringenden Hufeisen", das einem Kranken zwecks Heilung von einem Betrüger verkauft wird. Aber das folgende Beispiel Dawkins' ist – sorry, Mr. Dawkins – eine befremdend dünne Suppe: Dawkins beschreibt äußerst unsachlich einen „Repräsentanten Gottes", der mit Bibel in der Hand für einen Krebspatienten betet und dann behauptet, „dass Gott (vom Patienten) möchte, dass dieser 10% seines Gehalts (der „Zehnte") an die Kirche zahlt: „wie wäre es noch heute mit einer absetzbaren Spende?"[3]
Hier vermischt Dawkins auf eine Weise zwei Sachverhalte der Bibel, die zeigt, dass er sich noch viel zu ungenügend mit der Bibel beschäftigt hat!
Klar gibt es Betrüger, die Gottes Wort verzerren und missbrauchen, aber die folgenden Bibelstellen widerlegen Mr. Dawkins:
1/2 Ein echter Christ darf – und wird – für das Wort Gottes oder Gebete nie Geld verlangen! Gott und Sein Sohn Jesus wollen das nicht, basta.

2 bild der Wissenschaft online, Eberle, Ute, „Fürbitte mit Fernwirkung", http://www.wissenschaft.de/archiv/-/journal_content/56/12054/1595366/F%C3%BCrbitte-mit-Fernwirkung/, 01.03.2003, abgerufen am 6.12.2017
3 Richard Dawkins Foundation online, „Gebete sind nur Aberglaube", https://de.richarddawkins.net/articles/gebete-sind-nur-aberglaube, 25.8.2014, abger. am 7.12.2017

2/2 Der Zehnte hat mit Heilungsgebet **nichts** zu tun, der Zehnte ist die einzige Herausforderung Gottes an uns, Ihn „zu versuchen", um Ihm zu vertrauen: investiert 10% eures Nettogehalts ins Reich Gottes, also unterstützt Bedürftige oder christliche Unternehmungen etc., und Gott wird es euch x-fach zurückerstatten! Wenn wir schon bei wissenschaftlichen Studien sind: siehe Kap. 6.3, Schritt 6/7 – dort wird beschrieben, wie das ein WithJesus-Mitarbeiter empirisch, also selbst ausprobierte und erfuhr, dass Gott das Zahlen des Zehnten tatsächlich vielfach zurückerstattet.

Herr Dawkins, das ist eine infame Unterstellung und nagt – sorry – an Ihrer Glaubwürdigkeit! Sie vermischen zwei Sachverhalte und suggerieren eine verallgemeinernde Botschaft, dass Christen automatisch von verzweifelten Kranken sofort Geld für ein Gebet verlangen. **Quatsch!** Das entspricht *nicht* „Vernunft und Wissenschaft", wie der Untertitel Ihrer Website lautet.

Fakt ist: **unfassbar viele Hilfesuchende finden Trost, Zuversicht und entfalten Kraft, wenn für sie gebetet wird – sogar, wenn Sie wissen, dass sie sterben werden!** Klar ist eine Studie hier schwierig zu erstellen, denn wie soll gezählt werden, wenn ein Patient heimlich betet oder jemand für ihn betet, der von der Studie nicht erfasst werden kann? **Aber die Ergebnisse sind so signifikant,** dass sich sogar Ärzte öffentlich dazu bekennen, und diese haben nicht nur Ihre Glaubwürdigkeit zu verlieren, sondern sogar ihren Job. Dazu ein Zitat von **Dr. William Harris,** Arzt am Saint Lukes Hospital in Kansas City: „Ohne eine Art höhere Intelligenz ist das schwer zu erklären."[4]

Aus Gründen der Fairness: **etwas sehr Positives über Herrn Dawkins** lesen Sie in Kap. 2.5. **Fazit dieses Kapitels: beten hilft, basta.**

Es ist NICHT alles vorherbestimmt!

Eines der wertvollsten Geschenke Gottes an uns Menschen ist der **freie Wille.** Das unterscheidet den Menschen vom Tier. Der berühmte Autor und Flieger **Antoine de Saint-Exupéry** beschreibt in seinem grandiosen Abenteuerbuch **„Wind, Sand und Sterne",** wie es sein über den eisigen Anden abgestürzter, verlorengeglaubter Kamerad Henri Guillaumet zurückschafft: mehrere Male hatte er sich in den Schnee gelegt und wollte nur mehr sterben. Dann fiel ihm ein, dass seine Frau weder Lebensversicherung noch Pension bekommen würde, wenn man seine Leiche nicht finden würde. Also kroch er weiter. Jeder Schritt

---

4 Bild der Wissenschaft online, Eberle, Ute, „Fürbitte mit Fernwirkung", http://www.wissenschaft.de/archiv/-/journal_content/56/12054/1595366/F%C3%BCrbitte-mit-Fernwirkung/, 01.03.2003, abgerufen am 6.12.2017

eine Herausforderung, eine Überwindung. Als er nach *sieben Tagen* (!!!) an einer Straße aufgegriffen wurde, erzählte er seinem Freund St.-Exupéry: „Ich kann Dir sagen: was ich getan habe, kein Tier hätte es fertig gebracht!"

Wir Menschen können entscheiden, ob wir jemand vergeben oder in die Fresse schlagen. Wir können uns entscheiden, ob wir tausend Zigaretten am Tag rauchen und dann elend sterben oder den Kampf gegen die Sucht aufnehmen und unser Leben verlängern (mit Jesu Hilfe geht das!) – es gäbe ja genug zu tun auf diesem Planeten. Was wir uns nur schwer vorstellen können, ist, dass Gott *schon vorher* weiß, *wie* wir uns entscheiden werden! Aber kein Wunder, Gott ist ja unabhängig von Raum und Zeit – so konnte er uns auch die Prophetien der Bibel schenken, siehe Kap. 2.0ff. Menschliche Schicksale als „vorherbestimmt" zu bezeichnen, ist subjektiv-hypothetisch und kann nicht ganz stimmen. Denn selbst wenn jemand nicht fähig wäre, eine Sucht aufzugeben, können wir gemeinsam mit dem Hilfesuchenden beten und **Gott wird uns die Kraft schenken, ein freies und entfaltetes Leben zu erreichen – mit unserem freiem Willen. Und dieser macht uns unabhängig von Vorbestimmtheit.**

2.5 Bibelprophetien & Jesus — NICHT „danach" geschrieben: Beweise

Zunächst wollen wir hier das häufigste Gegenargument widerlegen: wurde die Bibel „im Nachhinein" geschrieben? Das behaupten immer wieder Nicht- oder Andersgläubige in Diskussionen mit dem WithJesus-Team. Dann antworten wir vom WithJesus-Team gerne: „Aha, also nach dem 14. Mai 1948!" Fragende Blicke, offene Münder sind meist die nonverbale Reaktion.

Dann erzählen wir gerne, was Gott der Menschheit ankündigt im Alten Testament, über 700 Jahre *vor* Jesus durch den Propheten
Jesaja 66,8: „*Wer hat so etwas je gehört, wer hat dergleichen je gesehen? Wird ein Land an einem einzigen Tag zur Welt gebracht oder eine Nation mit einem Mal geboren?*"
Was heißt, „*ein Land, an einem einzigen Tag zur Welt gebracht?*" Das hier:
Entgegen allen Erwartungen und nach genau 1810 Jahren geduldigen **Ausharrens der Juden wurde am 14. Mai 1948, *an einem Tag,* nach dem überraschenden demokratisch-*mehrheitlichen* (!) UN-Beschluss, der Staat Israel wieder zum Leben erweckt.**
Jesajas Prophetie traf ein! Wieder eine von 6400 Prophetien der Bibel bestätigt!

Hier die komplette Geschichte zum Beweis: Im Jahre 138 wollten die Juden die römische Besatzung Israels in einem letzten Versuch, dem Bar-Kochbar-Aufstand, loswerden. Kaiser Hadrian schlug den Aufstand nieder. Vor Zorn über das unbeugsame jüdische Volk wollte er die Erinnerung an Israel für immer auslöschen und befahl die Umbenennung Israels in „Palästina". Hinter diesem Begriff steht eine weitere Schmach: Palästina kommt von „Pelischtim", das heißt „Philister" – und diese Typen zählten bekanntlich zu den ärgsten Feinden des jüdischen Volkes.

Palästina war nie ein souveräner, anerkannter Staat mit anerkannten Grenzen. Auch das Westjordanland waren die israelischen Provinzen Judäa und Samaria. **Ergo: das „Gebiet" Palästina ist der Staat Israel.**

Echte Christen beten für eine friedliche Lösung für Moslems und Juden.

Die Juden wurden Gott im Laufe der Jahrhunderte immer wieder untreu, sie gaben Gott kein Anrecht mehr, ihnen zu helfen, trotzdem Er sie davor unzählige Male warnte. Deswegen konnte Er sie nicht mehr beschützen – entsetzlichste Verfolgung und Vertreibung in alle Länder ab 138 n. Chr. war die Folge. **Gott kündigte das alles jedoch schon lange vor Jesus im Alten Testament über Seine Propheten an – aber auch die zukünftige Rückkehr der Juden in ihr Land Israel.** Deswegen gaben die Juden auch nie die Hoffnung auf, irgendwann nach Israel zurückkehren zu können. (Mehr Info auf den Seiten 29 & 30 und im Buch „Glauben? Wissen!" des WithJesus-Teams)

Seit dem 19. Jahrhundert gab es den **„Madagaskar-Plan":** den Juden wurde anstelle von Israel Madagaskar als Ersatz angeboten – die Juden lehnten ab, weil sie der Bibelprophetie vertrauten, Israel wieder zurückzuerhalten.

Im 2. Weltkrieg griffen die Nazibonzen Ribbentrop, Heydrich und Eichmann den Madagaskar-Plan wieder auf: die Insel sollte „zur Endlösung der Judenfrage" als Ghetto- und Sterbeinsel herhalten. Danach war Israel britisches Mandat. **Kaum jemand konnte sich vorstellen oder hatte Hoffnung, wie und wann das Land Israel je wieder entstehen könnte.**

Gott schenkte dem Propheten Jesaja ca. 720 Jahre *vor* Christi Geburt die Prophetie für die Wiederentstehung Israels: geschehen an nur EINEM Tag per mehrheitlichem UNO-Beschluss! Auch auf dem 2200 Jahre alten Pergament von Prophet Jesaja mit dem vollständigen Text, 1947 in den Höhlen von Qumran[5] gefunden, wird die Wiederentstehung Israels angekündigt.

5 Diese „Schriftrollen vom toten Meer" beweisen die Unverfälschtheit ihrer Bibeltexte

Fragen Sie doch mal ältere Verwandte, die vielleicht eine Bibel von *vor* 1948 haben – auch da steht schon diese Prophetie Jesajas, die am 14. Mai 1948 wahr wurde: *„Über ein Land, an nur einem Tage entstanden."* *(Jesaja 66)* Das Gerücht, die Bibel sei „im Nachhinein" geschrieben, ist damit widerlegt.

Wir widerlegen ein weiteres oft vorgebrachtes Gegenargument: ist denn theoretisch nicht jedes Land „an einem Tag" entstanden? Z.B. durch Vertragsabschlüsse oder Ähnliches? Selbst wenn: nur Israel hat so viele Prophetien und nur bei Israel war es so derartig unerwartet und unwahrscheinlich, dass dies passiert. **Gegenargument widerlegt, Prophetie bestätigt.**
Aber die Bibel hält noch mehr Wunder bereit: seit über 3.500 Jahren erfüllen sich die Prophezeihungen der Bibel, und zwar zu 100%. Konkrete, präzise Ankündigungen *(keine nebulosen Metaphern)* über Städte, Personen, Länder, Kriege, und einige davon dürfen wir mit eigenen Augen erleben – heute.

Achtung, wichtig vor dem Lesen der Prophetien: lesen Sie hier, wie Jesus in der Bibel persönlich den Propheten Jesaja für seine Zuhörer/innen zitiert in **Matthäus 13,14:** *„Mit den Ohren werdet ihr hören und nicht verstehen, und mit den Augen werdet ihr sehen und nicht erkennen! Denn das Herz dieses Volkes ist verstockt."* D.h., Nicht-Christen bzw. Menschen, die den Heiligen Geist nicht haben, werden die Worte Jesu und der Bibel zwar lesen, aber nicht verstehen.

Illustration 2: Unweit des Nordwestufers des Toten Meeres befinden sich die Qumran-Höhlen, Fundort der "Qumran-Rollen". Teilweise sind sie natürlichen Ursprungs, teilweise wurden sie in den Karst getrieben und waren auch bewohnt.
Waren sie Rückzugsorte der Essener? Schreibwerkstätten oder Synagogen? Archäologen sind sich uneinig.
Aber die gefundenen Schriftrollen bestätigen die Unverändertheit des biblischen Inhalts.

®©**WITH JESUS**®

Bitte beten Sie deshalb vor dem Weiterlesen direkt zu Gott „in Jesu Namen um Erfüllung mit dem Heiligen Geist", damit Er Ihnen Herz und Verstand für die folgenden Bibelprophetien eröffnet. Den Autoren dieser Zeilen ist bewusst, dass dies ein wenig komisch für Sie sein könnte, aber tun Sie's einfach – so, wie ein Kind zu Gott betet, in Ihren Worten.

Prophetien über Städte:

Die Übernatürlichkeit der Bibel ist aufgrund ihrer präzisen Angaben über Städte, Menschen und Länder absolut erkennbar, sagt aber nicht nur Geschehnisse, sondern sogar *dauerhaft geltende Sachverhalte* voraus, z.B.:
*„Diese Stadt wird zerstört **und** nicht mehr bzw. wieder aufgebaut werden!"*
Ein großes Risiko für die Bibel-Propheten, denn:
sie prophezeiten z.B. die Zerstörung einer Stadt **und** ...
... ob diese wieder aufgebaut werden sollte oder nicht!
Doch wo entstehen Städte? An alten, stark frequentierten Handelsrouten, oder Schifffahrtswegen. Deswegen ist es absolut ungewöhnlich, dass keine dieser Städte wieder aufgebaut wurden – was naheliegend wäre, denn Baumaterial der zerstörten Häuser war vorhanden und die alten Handelswege wurden weiter benutzt. Siehe gleich am Beispiel **Ninive** und **Babylon**.
Die Ruinen beider Städte lagen an bevorzugten Plätzen oder Wegen.
Dennoch wurden die Städte nicht mehr aufgebaut – Prophetie bestätigt.
Die folgenden Geschehnisse, angekündigt vor bis zu 2700 Jahren, geschahen nachweislich Jahre *nach* Ihrer Prophetie *und* sind gültig bis heute:

Gericht über Ninive
Ninive, im heutigen Irak gelegen, wurde von den Propheten Zefanja und Nahum die Zerstörung vorausgesagt.
Zefanja 2,14: *„Ninive wird er öde machen, dürr wie eine Wüste, dass Herden sich darin lagern werden ... Tiere des Feldes ... Eulen ... das Käuzchen wird im Fenster schreien und auf der Schwelle der Rabe. Das ist die fröhliche Stadt, die so sicher wohnte und in ihrem Herzen sprach: »Ich bin's und sonst keine mehr.«"*
Nahum 3, Vers 15: *„Aber das Feuer wird dich fressen und das Schwert töten!"*
Bibel: Zefanja empfing diese Prophetie im Jahr 622 v. Chr. zur Zeit der Kulturreform von Joschija (647-609 v. Chr.), König des Südreichs Juda.
Nahum war ein Zeitzeuge Zefanjas.
Historischer Fakt: Im August 612 v. Chr. wurde Ninive von den Medern und Babyloniern zerstört. Prophetie bestätigt.

Fall des sündigen Babel

Jesaja 13.21: *„So soll Babel, das schönste unter den Königreichen, die herrliche Pracht der Chaldäer, zerstört werden von Gott wie Sodom und Gomorra, dass man hinfort nicht mehr da wohne noch jemand da bleibe für und für, dass auch Araber dort keine Zelte aufschlagen noch Hirten ihre Herden lagern lassen, sondern Wüstentiere werden sich da lagern, und ihre Häuser werden voll Eulen sein; Strauße werden da wohnen ... und wilde Hunde werden in ihren Palästen heulen ..."*

Bibel: Jesaja wirkte 740-701 v. Chr.

Historischer Fakt: Babylon wurde *danach* im darauffolgenden Jahrhundert zweimal (u.a. 689 v. Chr. durch Sanherib) zerstört. Unter Alexander dem Großen für kurze Zeit wiederbelebt, hatte der römische Kaiser Trajan 115 n. Chr. nur mehr Ruinen gesehen, in der Spätantike soll dort noch Asphalt gewonnen worden sein. Was für ein Niedergang der einst vielleicht größten Stadt der Welt mit bis zu 200.000 Bewohnern. In der Bibel wurde deren Zerstörung viele Jahre zuvor angekündigt. Prophetie bestätigt.

Sidon bekommt eine Chance und wird noch heute bewohnt.

Hesekiel 28,22: *„... und sprich: So spricht Gott der HERR: Siehe, ich will an dich, Sidon, und will meine Herrlichkeit erweisen in deiner Mitte, damit man erfahren soll, dass ich der HERR bin, wenn ich das Gericht über die Stadt ergehen lasse ..."*

Gott verkündet durch Hesekiel Sein Gericht über Sidon, aber *keine* Zerstörung für immer: Zwischen Beirut und Tyros gelegen, ist die „Fischerstadt", so die Bedeutung des Namens, noch immer bewohnt. Prophetie bestätigt.

Samaria hingegen ist bis heute verlassen:

Micha 1,6-7: *„Und ich will Samaria zu Steinhaufen im Felde machen, die man für die Weinberge nimmt, und will seine Steine ins Tal schleifen und es bis auf den Grund bloßlegen. Alle seine Götzen sollen zerbrochen und all sein Hurenlohn soll mit Feuer verbrannt werden."*

Prophet Micha war ca. 740-700 v. Chr. aktiv. Samaria, das Götzendienst betrieb (wahrscheinlich mit Kinderopfern!), wurde 722 v. Chr. von den Assyrern und 107 v. Chr von den Hasmonäern zerstört. Prophetie bestätigt.

Chorazin, Betsaida, Kapernaum – dort gibt es nur mehr Ruinen;

Matthäus 11,20: *„Wehe dir, Chorazin! Weh dir, Betsaida! ... Und du, Kapernaum ... Du wirst bis in die Hölle hinuntergestoßen werden!"* Diese endgültigen Worte stammen von Jesus persönlich! Und jetzt raten Sie mal – richtig, von allen drei Städten sind nur mehr Ruinen über. Z.B. wurde Kapernaum 746 n. Chr. durch ein Erdbeben zerstört. Aber es gab noch eine 4. Stadt am See Genezareth,

Tiberias. Diese wurde von Jesus *nicht* erwähnt und erfreut sich heute noch regen Lebens mit 40.000 Einwohnern – sie ist die größte Stadt im Jordantal. **Prophetien bestätigt – die Bibel hält tausende mehr davon für uns bereit!**

Prophetien über Israel — ein Auszug

Über Israel und besonders Jerusalem gibt es viele Prophetien, hier eine davon: Jesus prophezeit den Jüngern ein verblüffendes Detail über den Jerusalemer Tempel für die Zeit nach dessen Zerstöung durch die Römer in **Matthäus 24,2:** *„Wahrlich, ich sage euch: Es wird hier nicht ein Stein auf dem andern bleiben, der nicht zerbrochen werde."*
40 Jahre später brannten die römischen Besatzer den Tempel nieder, danach wurde *tatsächlich* jeder Stein des Tempels nochmal umgedreht, denn die Römer suchten Teile des geschmolzenen goldenen Kuppeldaches – Prophetie erfüllt!
Aber es gibt auch eine Menge an großartigen, positiven Prophetien für Israel und seine Hauptstadt Jerusalem – mehr auf den kommenden Seiten, in Kap. 6.3 und im Buch „Glauben? Wissen!" des WithJesus-Teams.

Aber auch weniger beachtete Prophetien der Bibel werden *jetzt*, zur Zeit, wahr: Seit ca. 2016 gibt es im Toten Meer Fische! Das war seit Jahrtausenden aufgrund des hohen Salzgehaltes im Toten Meer unmöglich und undenkbar – aber nicht für einen der Propheten des Alten Testaments, nämlich
Hesekiel 47,8f: *„Und er [Gott, Anm.] sprach ... : Dieses Wasser ... mündet ins Tote Meer, und ... das wird leben. Es wird auch sehr viele Fische geben ... alles gesund werden ... denn ihr Wasser fließt aus dem Heiligtum."* [6]

Schon in den 3500 Jahre alten (in Worten: dreitausendfünfhundert) Prophetien von Moses wurden zukünftige Ereignisse über Israel und die Juden angekündigt – sie wurden alle wahr. Ebenso durch die Propheten des Alten Testaments, und der letzte Prophet des Alten Testaments lebte 450 Jahre vor Christus.
ALLE Ereignisse fanden und finden noch immer statt, bis in unsere Zeit! Hier die Fakten – für uns Menschen unerklärlich, weil alles eingetroffen ist:
Mose spricht dem jüdischen Volk Segen zu, wenn es Gott gehorchen würde. Aber das Volk wurde Gott abtrünnig, es „sperrte" Gott aus ihrem Leben aus,

---

6 livenet.ch online, Gerber, Daniel, „Prophezeiung erfüllt sich – Erste Fische im Toten Meer gesichtet", http://www.livenet.ch/news/gesellschaft/wissen/staunen/296222-erste_fische_im_toten_meer_gesichtet.html?utm_source=dlvr.it&utm_medium=facebook, 11.8.2016, abger. am 7.2.2018

betete Götzen aus Holz und Stein an u.v.m. Gott kündigte deshalb Seinem Volk über Mose die Konsequenzen an in

5. Mose 32f: *„Deine Söhne und deine Töchter werden einem anderen Volk gegeben, und deine Augen werden es sehen und werden nach ihnen schmachten den ganzen Tag; aber du wirst machtlos sein. Die Frucht deines Ackers und all dein Erworbenes wird ein Volk verzehren, das du nicht kennst; und du wirst nur unterdrückt und zerschlagen sein alle Tage. Und du wirst wahnsinnig werden vor dem Anblick dessen, was deine Augen erblicken müssen.*

Und du wirst zum Entsetzen werden, zum Sprichwort und zur Spottrede unter allen Völkern, wohin der HERR dich wegtreiben wird. **Und der HERR wird dich unter alle Völker zerstreuen von einem Ende der Erde bis zum andern Ende der Erde.***

Und unter jenen Nationen wirst du nicht ruhig wohnen, und deine Fußsohle wird keinen Rastplatz finden. Und der HERR wird dir dort ein zitterndes Herz geben, erlöschende Augen und eine verzagende Seele."

Was für ein Risiko für die Glaubwürdigkeit der Bibelpropheten, einem Volk die *komplette Zerstreuung* anzukündigen – und doch wurde es wahr.
Was für entsetzliche Ankündigungen von Verfolgung, Mord, Elend – und dennoch ist alles tatsächlich passiert, bis zum Holocaust.
Immer wieder hat Gott die Juden gewarnt, um sie geworben, Ihm zu vertrauen, nicht abzufallen. Doch das jüdische Volk verließ Gott, wurde Ihm untreu, sperrte Ihn aus ihrem Leben aus.
Gott respektiert den freien Willen der Menschen, deswegen konnte Er den Juden nicht mehr helfen. Obwohle Er wollte!
Wir vom Neuen Bund, also die Christen, die das Neue Testament und Jesu Liebe und Barmherzigkeit leben wollen, können von den Gräueln nur mit größter Überwindung lesen.

Aber Gott verspricht schon 1500 v. Chr. (!) den vertriebenen Juden auch großartigste Zusagen – die Rückkehr aus aller Welt in ihre Heimat Israel in:
5. Mose 30, 1-5: *„Es wird aber geschehen, wenn ... du es dir zu Herzen nimmst unter all den Heidenvölkern, unter die dich der Herr, dein Gott, verstoßen hat, und wenn du umkehrst zu dem Herrn, deinem Gott, und seiner Stimme gehorchst in allem ... wird dich [Gott, Anm.] wieder sammeln aus allen Völkern, wohin dich der Herr, dein Gott, zerstreut hat ...*
Und der Herr, dein Gott, wird dich in das Land zurückbringen, das deine Väter besessen haben." Mit diesem Land ist nichts anderes gemeint als: Israel.

Prophetien über Israel — 3 Punkte zur Bestätigung

1/3 In der links unten erwähnten Prophetie von Mose (5. Mo 30,1-5) wird das jüdische Volk in einer Situation der Vertriebenheit in alle Welt angesprochen – undenkbar zur Zeit dieser Aussage, weil ca. 1500 Jahre *vor* der Zerstreuung!

2/3 Den Juden wird die Rückkehr in ein Land (Israel) **angekündigt, von dem sie noch gar nicht vertrieben waren und das von 138 n. Chr. bis zum 14.5.1948 gar nicht existierte** (138 n. Chr. zwang Kaiser Hadrian Israel einen Spottnamen auf, aus dem der Begriff „Palästina" entstand, s. S. 25). In diesen 1810 Jahren konnte sich niemand vorstellen, dass Israel jemals wieder existieren oder die Juden dorthin wieder zurückkehren könnten (der „Madagaskar-Plan", s. S. 25). **Dennoch: Israel entstand neu, Prophetie bestätigt.**

Achtung, Verwässerung: manche liberale Theologen, Esoteriker, Atheisten und Kritiker interpretieren diese Rückkehr der Juden ausschließlich in die Zeit *nach* dem Babylonischen Exil 539 v. Chr. **Falsch.**
Prophet Amos beweist, dass diese Interpretation unzutreffend ist und liefert die Bestätigung der Übernatürlichkeit dieser Bibelprophetie:
Amos 9,14: *„Denn ich will sie in ihr Land pflanzen, **dass sie nicht mehr aus ihrem Land ausgerottet werden**, das ich ihnen gegeben habe, spricht der HERR, dein Gott!"*
Die Betonung liegt bei: *„... einpflanzen ... nicht mehr herausgerissen werden!"*
Beweis:
Nach der Rückehr aus Babylonien 539 v. Chr. wurden die Juden durch die Römer spätestens ab 138 n. Chr. erneut *„herausgerissen"* **= vertrieben.**
Also kann mit der Rückkehr NUR die Zeit NACH den Römern gemeint sein, speziell ab den Einwanderungswellen Ende des 19. Jhdts aufgrund der Verfolgungen (Frankreich, Russland), **speziell aus Deutschland ab 1933!**

Jesaja 66,8: *„Wer hat so etwas je gehört, wer hat dergleichen je gesehen? Wird ein Land **an einem einzigen Tag** zur Welt gebracht oder eine Nation mit einem Mal geboren?"*
Am 14. Mai 1948 wurde durch demokratischen UNO-Beschluss am 29.11.1947 (Zweidrittelmehrheit!) der Staat Israel *„**an einem einzigen Tag**"* 1948 wieder zum Leben erweckt! Die jahrhundertealte Hoffnung der Juden wurde entgegen den meisten Erwartungen der Welt wahr, und seitdem strömen immer mehr Juden in ihre alte Heimat. Einmalig in der Geschichte der Menschheit!

31

Kritiker meinen dazu: „Ist nicht jedes Land ‚an einem Tag' entstanden?" Das ist leicht zu widerlegen, denn im Falle Israels ging 1948 kein Krieg voraus und David Ben Gurion rief Israel an *einem* Tag ins Leben zurück. Außerdem – wieviele Länder haben solche Prophetien wie Israel? Keines.[7]

3/3 Aus aller Welt ziehen Juden unablässig nach Israel zurück, seit 1948 und auch JETZT – und werden laut Bibel nie mehr wieder vertrieben werden.
Hier weitere Prophetien, deren Erfüllung wir selbst, *jetzt soeben* miterleben dürfen. Wir brauchen nur die Zeitungen aufschlagen oder Nachrichten anhören. Hesekiel und Jeremia lebten ca. 600 Jahre vor Jesus:
Hesekiel 34,13: *„Ich will sie aus allen Völkern herausführen und aus allen Ländern sammeln und will sie* **in ihr Land bringen** *und will sie weiden auf den Bergen* **Israels**, *in den Tälern und an allen Plätzen des Landes."*
Jeremia 31,8: *„Siehe, ich will sie* **aus dem Lande des Nordens** *bringen und will sie sammeln von den Enden der Erde, auch Blinde und Lahme, Schwangere und junge Mütter, dass sie als große Gemeinde* **wieder hierher kommen** *sollen."*
Was ist „das Land des Nordens"? Ganz logisch: im Norden Israels liegt Russland, speziell die Ukraine, aus der besonders seit den 1930er Jahren und der Zeit Stalins furchtbar diskriminierte und verfolgte Juden nach Israel flüchteten – mehr als eine Million. **Prophetie erfüllt.**

Zusammenfassend kann gesagt werden, dass
• die Vertreibung der Juden
• der Niedergang und die Wiederauferstehung Israels
• die Rückkehr der weltweit verstreut lebenden Juden
bis ins Detail vorausgesagt wurden und bis in die heutige Zeit eintreffen.
Die biblischen Prophetien begannen zur Zeit Mose (vor ca. 3500 Jahren).

Die Präzision der Bibelprophetien ist für logisch denkende Menschen nur mit „übernatürlich" bezeichnen.
König Friedrich der Große (1712-1786) fragte einst seinen **General Hans Joachim von Zieten**, ob er ihm einen Beweis für die Existenz Gottes nennen könne. Zieten sagte: „Majestät – die Juden". Von Ziethen erkannte das Wunder der Prophetien, das Gott uns mit der Geschichte der Juden in der Bibel zeigt.

---

7 Wir vom WithJesus-Team wünschen auch den Moslems, dass sie in Israel in Frieden leben können. Aber das Thema ist komplex und es gibt Menschen, die hier ständig Krieg schüren – nein, nicht die Juden. Mehr Info im Buch „Glauben? Wissen!" des WithJesus-Teams

Prophetien über Jesus: historisch-archäologische Nachweise, dass Er lebte

Sollten Sie erst hier in dieses Büchlein eingestiegen sein: es gibt in der Bibel über 3000 wahrgewordene Prophetien, 300 davon über Jesu Leben und Wirken, bis in kleinste Details, von Seiner Geburt hin, über Sein Leben und Wirken bis über unsere Gegenwart hinaus. Ab der Zeit Davids, tausend Jahre *vor* Christi Geburt! Und sie sind alle in Erfüllung gegangen, und das mehrfach bestätigt ... weder fassbar noch erklärbar für unsere begrenzte menschliche Logik ...
Trotzdem die Römer im Jahre 70 n. Chr. über Jerusalem und große Teile der Umgebung herfielen, den zweiten Tempel in Brand steckten, viele Gebäude dem Erdboden gleichmachten und unzählige Einwohner niedermetzelten, **sind viele konkrete Beweise für die Existenz Jesu erhalten:**

So erzählt der als zuverlässig geltende römischer Historiker **Tacitus** im Jahre 116: „Um das Gerücht aus der Welt zu schaffen, schob er [Kaiser Nero, Anm.] die Schuld auf andere und verhängte die ausgesuchtesten Strafen über die wegen ihrer Verbrechen Verhassten, die das Volk ‚Chrestianer' nannte. Der Urheber dieses Namens ist Christus, der unter der Regierung des Tiberius vom Prokurator Pontius Pilatus hingerichtet worden war."

Gaius Suetonius Tranquillus, wohl bekannter unter dem deutschen Namen **Suetaon** (ca 70 n.Chr.-122 n.Chr.) war römischer Schriftsteller, Biograph von Caesar bis Domitian, aber auch Hauptsekretär **Kaiser Hadrians.** Unter letzterem schrieb er in seinen Kaiserbiografien De vita Caesarum, 120 n.Chr., Kap. 25,4: „Die Juden, welche von einem gewissen Chrestos aufgehetzt, fortwährend Unruhe stifteten, vertrieb er [Kaiser Claudius, Anm.] aus Rom."

Der Historiker **Thallus** schrieb ab 52 n.Chr. eine dreibändige Geschichte des östlichen Mittelmeerraums, die im Original zwar nicht mehr erhalten, deren Inhalt jedoch von mehreren anderen Autoren zitiert wurden: so schreibt der christliche Chronist **Sextus Julius Africanus** 221 n. Chr. über die **Gerichtsfinsternis**, die der nicht gläubige Thallus als **Sonnenfinsterins** abtun wollte: „Diese Finsternis nennt Thallus im dritten Buch der Historien eine Sonnenfinsternis. Wie mir scheint, gegen vernünftige Einsicht." **Denn Sextus bezeugt, dass Jesus vor oder während des Pessachfests gekreuzigt wurde, das aber nur bei Vollmond stattfindet. Sonnenfinsternisse gibt es aber nur bei Neumond – so kann diese Finsternis nur eine übernatürliche gewesen sein.**

Erstaunliches berichtet der bekannte jüdisch-römische Historiker **Flavius Josephus** (eigentlich Joseph ben Mathitjahu, ca. 37n.Chr.-100n.Chr. in Rom). In seinen „Antiquitates judaicae 18.3" bezeichnet er **Jakobus** als „den Bruder des Jesus, genannt Christus." Hier Flavius' Originaltext: „Um diese Zeit lebte ein Jesus, ein weiser Mensch, wenn man ihn zu Recht Mensch nennen kann. Denn er wirkte erstaunliche Taten ... Er war der Christus ... der ihnen am dritten Tag lebendig erschien, wie die Propheten diese und zehntausend andere Dinge von ihm vorausgesagt hatten." *Oha!*
Oder, in einer anderen Leseart: „Zu dieser Zeit lebte ein weiser Mensch namens Jesus. Sein Wandel war gut und er war als tugendhaft bekannt. Und viele unter den Juden und anderer Völker wurden seine Jünger. Pilatus verurteilte ihn zur Kreuzigung und zum Tode. Aber, diejenigen, die seine Jünger wurden, verließen nicht seine Jüngerschaft. Sie berichteten, dass er ihnen drei Tage nach seiner Kreuzigung erschien, und dass er am Leben ist; so war er vielleicht der Messias, von dem die Propheten Wunder berichteten."[8]
Hey – ein jüdischer Historiker erwägt, dass Jesus der Messias sein könnte – kaum zu glauben, war Jesus doch eigentlich ein „Konkurrent" des Judentums. Noch erstaunlicher: Flavius kämpfte 67 n.Chr. gegen die Römer, überlebte und prophezeite in der Gefangenschaft, dass Vespasian und dessen Sohn Titus Kaiser werden würden – als dies zwei Jahre später eintrat, durfte er freier Dolmetscher und Vermittler werden, bekam römisches Bürgerrecht, eine saftige Pension mit Villa (!) und konnte somit weiterschreiben. **Gott verspricht in der Bibel Menschen, die Ihm bzw. Jesus folgen, neue Talente – und Segen denen, die Sein Volk, die Juden, segnen** (1. Mose 12,3). **Wahrscheinlich schenkte Gott dem Flavius Seinen Segen in Form eines prophetischen Talents und einer Pension, weil dank seiner Vermittlung gefangene Juden freikamen.**

Eine wunderschöne Geschichte: in Kapernaum ist das **Haus des Simon Petrus,** ein einfaches Wohngebäude. **131 Kalkinschriften an den Wänden aus der Zeit Jesu erzählen von der Anwesenheit von Petrus *und von Jesus!*** Es ist das Haus, in dem Jesus die Schwiegermutter von Petrus heilte, beschrieben in **Matthäus 8,14:** *„Und Jesus kam in das Haus des Petrus und sah, dass dessen Schwiegermutter zu Bett lag und hatte das Fieber. Da ergriff er ihre Hand und das Fieber verließ sie. Und sie stand auf und diente ihm."*
Das Haus gibt es noch immer, Kapernaum befindet sich im Norden des Sees

---

8 Vom „Testimonium Flavianum" – gibt es zahlreiche Quellen, u.a. hier: impantokratoros. gr online, „Nichtchristliche Zeugnisse des 1. und 2. Jahrhunderts über Christus", https://www. impantokratoros.gr/zeugnisse-Christus.de.aspx, abger. am 9.5.2018

Genezareth und Sie können es bequem besichtigen: Über der Ausgrabungsstätte wurde auf Stelzen die **Petruskirche** gebaut. Einerseits, um die Reste von Petrus' Haus und die Ausgrabungsarbeiten vor dem Wetter zu schützen, andererseits können die Besucher durch ein großes Fenster im Boden einen echten Aufenthaltsort Jesu bestaunen – eine geniale Idee.

Jesus, der Sohn Gottes — übernatürliche Nachweise, dass Er noch immer lebt

Vor einiger Zeit hatte Ihr Autor dieser Zeilen ein Gespräch mit einem Professor einer deutschen Universität, dieser forschte und unterrichtete interessanterweise in Richtung übernatürlicher Phänomene. Er brachte die „Frage der Fragen" um Jesus auf den Punkt: **„Jesus hat existiert, das ist geschichtlich abgesichert. Aber die Frage ist – war Er wirklich der Sohn Gottes?"**
Aufgrund der hier erbrachten Fakten sind wir überzeugt: Ja. Und lebt er noch immer? Ja, alle Anzeichen stehen dafür. Denn wenn man in die Materie eintaucht, kommt man, systematisch durchdacht, nur auf diese Erkenntnis.
Denn die Prophetien der Bibel sind alle mit einer Quote von 100% eingetroffen, und sie gelten immer noch.
Diese übernatürlichen Ankündigungen der Bibel sind einzigartig in den Religionen der Welt – es gibt kaum etwas auf Erden, dem wir mehr vertrauen können. Nein, sie wurden *nicht* im Nachhinein geschrieben, das wird in den vorangegangenen Kapiteln des vorliegenden Buches nachgewiesen.
Und im Kapitel 2.6 haben Sie vielleicht schon die Gedanken führender Quantenphysiker gelesen – sie bestätigen *physikalisch* die Möglichkeit eines ewigen Lebens, Mehrdimensionalität, und reden immer öfter von Gott ... ja, richtig, Wissenschaftler/innen, weltweit angesehene Physiker sagen so etwas.
Es gibt **mehr als 300 übernatürliche Prophetien in der Bibel für Jesus,** die speziell nur Jesus und Geschehnisse Seines Leben vor-ankündigen. Manche von ihnen stammen aus einer Zeit *über eintausend Jahre VOR Jesu Leben.*
Natürlich findet im vorliegenden Büchlein nur einen kleiner Teil der Ankündigungen Platz – den Rest finden Sie in der Bibel. Hier nun ein Auszug der Ankündigungen aus dem **Alten Testament (= AT)**, und deren Bestätigungen im **Neuen Testament (= NT)**:

AT 2. Mose 12,46 (ca. 1300 v.Chr.): *„Kein Knochen soll ihm* [Jesus, Anm.] *zerbrochen werden."* Hier nimmt Mose 1500 Jahre vor Jesus eine Situation der Kreuzigung des Heilands vorweg. Weiter auf der nächsten Seite ...

AT Psalm 34,21 (ca. 1000 v.Chr.): *„Er bewahrt ihm alle seine Gebeine, daß* **nicht eines von ihnen zerbrochen** *wird."*

AT Sacharja 12,10 (ca. 520 v.Chr.): *„... und sie werden auf mich sehen, den sie* **durchstochen** *haben, ja, sie werden um ihn klagen, wie man klagt um den eingeborenen Sohn, ... den Erstgeborenen."*

NT Johannes 19,34 (z. Zt. Jesu): *„Da kamen die Soldaten und brachen die Beine des ersten und des anderen, der mit ihm gekreuzigt war. Als sie aber zu Jesus kamen und sahen, dass er schon gestorben war,* **brachen sie ihm die Beine nicht,** *sondern einer der Soldaten* **durchbohrte mit einem Speer seine Seite** *..."*

Erklärung: Da am Sabbath kein Toter an den Kreuzen hängen durfte, brachen die Soldaten den am Kreuz hängenden Leidenden die Beine, damit diese schneller starben. So konnten Sie sich mit den angenagelten Beinen nicht mehr aufrichteten, verloren Kraft, konnten sich nicht mehr mit den Armen hochziehen, die vom Hängen ausgedehnte Lunge konnte verbrauchte Luft nicht mehr ausatmen und die zum Tode Verurteilten erstickten schneller. So unmenschlich das klingt, die Gekreuzigten empfanden das als Gnade, weil es die bestialischen Schmerzen verkürzte. Das nur zum unfassbaren, unvorstellbaren Opfer, das Jesus für uns durchlitten hat – Ihm wurden keine Knochen zerbrochen.

AT Psalm 22,17 (ca. 1000 v.Chr.): *„Eine Meute übler Verbrecher umkreist mich, gierig wie wildernde Hunde. Hände und Füße haben sie mir durchbohrt."*

NT Johannes 19,17 (z. Zt. Jesu): *„Er trug sein Kreuz und ging hinaus zur sogenannten Schädelstätte, die auf hebräisch Golgatha heißt. Dort kreuzigten sie ihn."*

Erklärung: als David ca. 1000 v. Chr. obigen Psalm schrieb, gab es die Kreuzigung nur bei Phöniziern und Assyrern, aber nicht bei den Juden. Und meist wurden die Verurteilten „nur" an Händen und Füßen gefesselt, um die Todesqualen zu verlängern. David „sah" aber prophetisch, dass Jesus „durchbohrt" werden würde – aus seiner Sicht außergewöhnlich, da damals nur andere Völker bei der Kreuzigung „durchbohrten". Und doch passierte es so.

AT Psalm 22,19 (ca. 1000 v.Chr.): *„Sie* **teilen meine Kleider unter sich** *und werfen das Los über mein Gewand."*

NT Johannes 19,23 (z. Zt. Jesu): *„Als nun die Kriegsknechte Jesus gekreuzigt hatten, nahmen sie seine Kleider und machten vier* **Teile,** *für jeden Kriegsknecht einen Teil, und dazu das Untergewand. Das Untergewand aber war ohne Naht, von oben bis unten in einem Stück gewoben. Da sprachen sie zueinander: Laßt uns das nicht zertrennen, sondern darum* **losen,** *wem es gehören soll!"*

David „sah" in einer weiteren Prophetie, dass die Soldaten Jesu Gewand verlosen würden – sogar dieses Detail wird als Bestätigung der übernatürlichen Herkunft des biblischen Inhalts angeführt. *So etwas kann man nicht arrangieren!*

AT Jesaja 40,3 (ca. 720 v.Chr.): *„Eine Stimme ruft: In der Wüste bahnt den Weg des HERRN! Ebnet in der Steppe eine Straße für unseren Gott!"*
NT Matthäus 3,1-2 (z. Zt. Jesu): *„Zu der Zeit kam Johannes der Täufer und predigte in der Wüste von Judäa 2 und sprach: Tut Buße, denn das Himmelreich ist nahe herbeigekommen!"*
Erklärung: Der Prophet Jesaja „hört" hier – ca. 720 Jahre *vor* Jesu Geburt – wie Johannes der Täufer Jesus ausruft.

AT Jesaja 9,6 (ca. 720 v.Chr.): *„Denn ein Kind ist uns geboren,* **ein Sohn uns gegeben,** *und die Herrschaft ruht auf seiner Schulter; und man nennt seinen Namen: Wunderbarer, Berater, starker Gott, Vater der Ewigkeit, Friedefürst."*
NT Matthäus 16,16, Jesus fragt die Apostel: *„Wer sagt denn ihr, dass ich sei? Da antwortete Simon Petrus ... : Du bist Christus,* **des lebendigen Gottes Sohn!"**

AT Daniel Kapitel 9, Vers 25 & 26 (ca. 600 v.Chr.): *„Von dem Zeitpunkt an, als das Wort erging,* **Jerusalem wiederherzustellen** *und zu bauen, bis zu einem Gesalbten, einem Fürsten [Jesus, Anm.], sind es* **sieben Wochen.** *Und* **62 Wochen** *lang werden Platz und Stadtgraben wiederhergestellt und gebaut sein ... Und nach den 62 Wochen wird ein Gesalbter ausgerottet werden ..."*
Daniel sieht hier ca. 150 Jahre voraus die Wieder-Herstellung der Stadtmauern Jerusalems **445 vor Christus,** die von den Babyloniern zerstört wurden.
Aber er sieht noch weiter: Mit „Woche" meint Daniel die „Jahrwoche", also sieben Jahre. Wir rechnen: 7x7 = 49 Jahre, 62 Jahrwochen x 7 = **434** Jahre. 49+434 = 483 Jahre, 483 Jahre nach 445 v.Chr. = 38 n.Chr. Mit Korrektur des gregorianischen Kalenders führt uns Daniels Rechnung exakt ins Jahr 32 nach Christus, dem Todesjahr Jesu, dem *ausgerotteten Gesalbten!* **Prophetie bestätigt.**

Und falls jetzt wieder jemand schreit, dass diese prophetische Rechnung Daniels auch „danach" geschrieben sein könnte: sie wurde auch schon in der ersten Übersetzung der Bibel ins Griechische erwähnt, der sogenannten **Septuaginta.** Dieser Begriff bezeichnet die Anzahl 72 Gelehrter, die unabhängig voneinander die Bibel übersetzten, um ein fehlerfreies Ergebnis zu gewähren – ihre Arbeit konnte so verglichen werden. Die Septuaginta wurde aber ca. 250 bis 100 *vor* Jesu Geburt, die Übersetzung des Buches Daniel ca. um 164 v. Chr. abgeschlossen. Beide bestätigen so die übernatürliche Herkunft der Prophetie Daniels.

Kritiker meinen u.a. auch, dass Jesus am Palmsonntag auf einem Esel in Jerusalem einritt und dabei eine Prophetie „im Nachhinein" erfüllte, siehe **Sacharja 9,9:** *„Juble laut, Tochter Zion, jauchze, Tochter Jerusalem! Siehe, dein König kommt zu dir: Gerecht und siegreich ist er, demütig und auf einem Esel reitend"* [9]

Was — Jesus soll das „bewusst im Nachhinein" nachgestellt haben, um sich danach darauf zu berufen? Quatsch! **Wahr ist:** wieviele Menschen hätte Er dann wie ein Regisseur in die Straßen beordern und ihnen Anweisungen geben müssen, mit Palmwedeln zu fuchteln, Ihm die Kleider vor die Füße u.s.w. ... außerdem behauptet unsere Quelle, dass das Geschehnis nicht noch außerhalb der Bibel dokumentiert und es „an keiner anderen Stelle des Neuen Testaments bestätigt" wurde. Falsch. Hier kommt die ...

... **Widerlegung:** Dass Jesus per Esel in Jerusalem einritt, steht weiters in Matthäus 21, Markus 11, Lukas 19, und Johannes 12, wurde also zumindest fünf Mal in der Bibel bezeugt. Und es jetzt als Unwahrheit zu bezeichnen, nur weil es nicht *noch* irgendwo steht, ist für Christen befremdend. Weiters gibt es nirgendwo eine Gegendarstellung.

Außerdem: wie sonst sollte sich die Prophetie erfüllen, *als dass* Jesus eben einreitet? Und die vielen Prophetien über Seinen Tod am Kreuz, mit all ihren Details? Wieviele Statisten hätten hier einen kaum zu dirigierenden komplexen Ablauf an Handlungen einer kaum zu kontrollierenden Menschenmenge vortäuschen müssen? Und Jesus hätte sich, wenn das alles eine Lüge gewesen wäre, nur für die „künstliche" Erfüllung einer Prophetie auf bestialischste Weise am Kreuz ermorden lassen müssen ... wofür dann?

Liebe Leserinnen und Leser, wenn man logisch denkt: trotzdem dieses Ereignis an Millionen Dingen hätte scheitern können, *es ist geschehen.* Und wie es in der Bibel prophezeit wurde, wächst die Christenheit, ist Israel wiederentstanden u.v.m. Jesus ist der Sohn Gottes und an Ihm hat sich Gott mit all den Prophetien, die Er den Propheten der Bibel „diktiert hat, verherrlicht, zu unserer Auferbauung und Errettung. Danke.

Bibel-Prophetien = nachweisbare Übernatürlichkeit: Die Propheten konnten diese Einzelheiten nicht von sich aus wissen. Etwas Totes konnte es ihnen auch nicht sagen, sondern nur der lebendige Gott, der unabhängig von unserem Gefüge aus Raum und Zeit uns Geheimnisse vorankündigt, weil Er uns liebt.

---

9 heise.de online, Telepolis, Schmeh, Klaus, „Beweisen eingetroffene Prophezeiungen, dass die Bibel das Wort Gottes ist?", https://www.heise.de/tp/features/Beweisen-eingetroffene-Prophezeiungen-dass-die-Bibel-das-Wort-Gottes-ist-3407938.html, 17.9.2006, abger. am 28.3.2018

Das gibt es nur in der Bibel.
**Selbst Details von Jesu Leben und Hinrichtung werden vorangekündigt
und erfüllen sich präzise:** dass Er durchbohrt werden, aber dass ihm nicht die
Knochen gebrochen werden würden, die Aufteilung Seiner Kleider, aber auch,
dass Er der Sohn Gottes und der Heiland sei, der in der Wüste von Johannes
angekündigt werden würde.

Eine der schönsten Zusicherungen kündigt uns Jesus persönlich an, in
Matthäus 18,20: *„Denn wo zwei oder drei versammelt sind in meinem Namen,
da bin ich mitten unter ihnen."*
Jesus sagt das ohne Zeiteinschränkung, also gilt das auch heute. Das heißt, ...

**... selbst wenn sie heute mit Freunden nur über Jesus reden, wird Jesus mit
Gottes Heiligem Geist in Ihrer Mitte sein.**

Und treffend wird das bestätigt im
Brief an die Hebräer, 13,8: *„Jesus Christus ist derselbe gestern und heute und
auch* **in Ewigkeit!***"*

Schlussfolgerung dieses Kapitels — unfassbar:

Die Bibel sagt mit unglaublicher Präzision Geschehnisse voraus, die bis in die
Jetztzeit gelten. Über Städte, Menschen, Länder und Ereignisse.
Diese Voraussagen stammen *nachweisbar* aus der Zeit *vor* diesen Geschehnissen.

Alle Voraussagen haben sich erfüllt und sind *auch heute noch gültig.*
Auch solche, die niemand für möglich hielt – siehe Israel.

Wir Menschen können weder mit unseren Hirnen, noch mit unserem
Bewusstsein, unserer Intelligenz, unseren Sinnen, unserem Verstand kapieren,
wie so etwas funktionieren kann.
Trotz intensivster Suche haben wir, das WithJesus-Team, präzise Prophetien,
die in Erfüllung gingen,
ausschließlich in der Bibel und
in prophetischen Büchern christlicher Autoren und Autorinnen gefunden.
(Die bekannten „Prophezeihungen des Nostradamaus" sind zu metaphorisch
und können deswegen nicht mitgezählt werden)
Was folgern wir aus diesen widerspruchslosen Fakten? *Bitte umblättern*

Wir können deswegen nur auf eine einzige Schlussfolgerung kommen:

1/4 Die Bibel wurde *übernatürlich inspiriert,* also von Gott „diktiert".

2/4 Deshalb kann man der Bibel uneingeschränkt vertrauen – der Inhalt beweist uns das, weil er widerspruchsfreie Fakten nachweist.

3/4 Der eine, wahre, einzige Gott beweist sich ausschließlich duch die Bibel.

4/4 Die Bibel beweist uns, zur Auferbauung *aller* Menschen: ***Gott lebt!***

Mehr über archäologische und historische Beweise des biblischen Inhalts finden Sie im Buch „Glauben? Wissen!" des WithJesus-Teams.

2.6 Weitere Nachweise: logisch, physikalisch — es MUSS „mehr" geben!

Im November 2019 wollte ein WithJesus-Mitarbeiter für einen Videodreh für WithJesus verreisen. Die Fahrt sollte mit einem kleinen Urlaub mit der Familie verbunden werden, aber das Geld war leider sehr knapp. Also betete er Sonntag abends mit seiner Frau: „Gott, wenn Du willst, dass wir dieses Video drehen, bitte schicke uns als Bestätigung jemanden, der nichts von der ganzen Sache weiß und uns € 500,- spendet – bitte bis Dienstag, 17.00h" Seine Frau meinte noch, ob das für Gott ok wäre, aber ... ist Gott nicht allmächtig? Und hat Gott nicht ein unfassbar großes Universum geschaffen voller Überfluss? Als der WithJesus-Mitarbeiter Dienstags um 14.30h nach Hause kam, stand das Auto einer Freundin seiner Frau vor der Türe. Diese Freundin hatte „seit August 2019 den Eindruck, dass sie der Familie € 500,- schenken sollte", schob das Vorhaben aber bis in den November immer wieder hinaus: „... aber dann dachte ich, *jetzt* muss ich es tun!"
Das WithJesus Team dankt dieser Dame voller Demut!

Um etwa 04.00h morgens im Frühjahr 1988 fuhr einer unserer Mitarbeiter des WithJesus-Teams mit dem Auto von Freunden nach Hause, wie so oft sehr übermüdet. Es war eiskalt, er war einsam auf der Autobahn unterwegs, weit entfernt sah er die ersten Lichter seiner Heimatstadt vor einem winterschwarzen Nachthimmel flimmern. Damals etwa 22 Jahre alt und in seiner Sturm- und Drangzeit (und bevor er Christ wurde), fühlte er sich sicher, den zeitweisen Sekundenschlaf unter Kontrolle zu haben. Weit gefehlt.
Nach ca 55 von 70 km hörte er plötzlich einen lauten Ruf: sein Vorname, wie wenn ihn jemand aus zwei Metern Entfernung rufen würde! Er schlug

geschockt die Augen auf, sah im letzten Moment links die Leitplanken auf sich zukommen. Gleich dahinter ein massiver Brückenpfeiler aus Beton, er verriss das Auto, brauchte die ganze Breite der Autobahn, um den Wagen auf der schneenassen Fahrbahn im letzten Moment unter Kontrolle zu bringen.

Richtig, er war eingeschlafen! Mit rasendem Herzen setzte er die Fahrt langsam fort, das Adrenalin ließ ihn hellwach nach Hause kommen.

Nie wieder würde er so etwas tun, nahm er sich fest vor.

Viele der verrückten Mutproben, die unter seinen Freunden als cool galten, empfand er schon damals als Verspottung der Heiligkeit des Lebens.

Aber diese Situation war jenseits aller Vernunft.

Mit größter Wahrscheinlichkeit verdankte er diesem Ruf sein Leben.

Nur – wer hatte ihn gerufen? Sein Unterbewusstsein?

Das Universum? Ein Schutzengel? **Oder doch ... Gott?**

Wir Christen könnten noch tausende solcher Beispiele anführen.

Es *muss* mehr geben, als wir sehen und meist auch glauben.

Weitere Nachweise für Gott: logisch

In der griechischen Antike und im Mittelalter glaubte man an die sog. **Spontanzeugung** – gleich vorweg, diese Theorie ist Quatsch: man glaubte, wenn man Behälter mit alten Lumpen und Unrat vollstopft, „entstehen" darin Mäuse. Oder wenn man verdorbenes Essen, faules Obst, Fleisch in einen Behälter gibt, bildet sich darin „von alleine" Ungeziefer. Aus Schweiß sollen sich Läuse bilden – siehe Illustration 3 auf der nächsten Seite.

Immerhin hat man mittlerweile die glorreiche Erkenntnis erlangt, dass jedes Lebewesen (sogar Atheisten :-)) zum Leben einen „Schöpfer" braucht, d.h. irgendeine Art von Mama und Papa. Aber wer hat diese wiederum erschaffen? Und wenn man das Szenario ein wenig zurückverfolgt, wer ist der „Schöpfer" dieses Prozesses? Ist es wirklich nur ... „die Natur"?

Untersuchen wir das Grundgesetz „Wie im Kleinen, so im Großen" auf Ebene des kompletten Weltalls – auf der des Phänomens *Leben*:

eine **Natur,** *ein* **Universum, das lebendige, individuelle, kommunikative, soziale (mehr oder weniger, räusper), intelligente und kreative, also schöpferische Wesen hervorbringt** (hey, damit sind wir Menschen gemeint!)**, muss *selbst zumindest den Aspekt* des Lebens, der Intelligenz, der Kommunikationsfähigkeit und der Kreativität innehaben!** Denn wie sollte ein *totes* Universum *lebendige* Wesen „erschaffen"? Kann z.B. aus einem Stein ein Vogel werden? Leben kann nicht durch etwas Totes entstehen. Das wäre metaphysisch unmöglich. Und saumäßig unlogisch.

Müsste dann *das Prinzip Leben* nicht das ganze Weltall durchfluten? Müsste dann das Prinzip des Hörens, Sehens, Denkens, das Prinzp der Individualität nicht *überall* im Weltall vorhanden sein – in Gestalt eines lebendigen Gottes? **Die Bibel bringt das wieder mal genial auf den Punkt in Psalm 94,9:** *„Der das Ohr gepflanzt hat, sollte der nicht hören? Der das Auge gebildet hat, sollte der nicht sehen?"*

Weitere Nachweise für Gott: physikalisch

Zuächst ein Zitat von **Albert Einstein:** „Es ist absolut möglich, dass jenseits der Wahrnehmung unserer Sinne ungeahnte Welten verborgen sind!"

Illustration 3:
So stellte man sich von der griechischen Antike bis zum Mittelalter die sog. „Spontanzeugung" vor: Essensreste und alte Lumpen in ein Faß gesteckt und bald sollte daraus „von selbst" Leben entstehen.

℗©WITH JESUS®

Mittlerweile ist man zur glorreichen Erkenntnis gelangt, dass jedes Lebewesen eine Art Mama- und/oder Papa-Spezies braucht. So beschreibt die Bibel auch Gott, der Vater von uns allen, der das ganze Weltall ausfüllt – lesen Sie bitte oben auf dieser Seite Psalm 94,6

Gott, Bibel, Himmel, Engeln – alles Märchen oder physikalisch begründbare Realität? Einen Menschen kann man „physikalisch nachweisen": man kann ihn anfassen, Temperaturen messen, Eiweiß und Aminosäuren glucksen in ihm herum, Stromimpulse in den Nerven bringen Muskeln zum zucken.
Die Prophetien der Bibel bestätigen, dass wir es mit dem einem, lebendigen Gott zu tun haben (siehe Kapitel 2.2).
Wenn wir nicht an Märchen oder Hirngespinste glauben wollen, so müssten sich doch auch Gott und das Paradies irgendwie physikalisch nachweisen können, oder?

Wenn es mehrere Götter gäbe, welcher Gott hätte dann die anderen geschaffen? Nachdem aber überall *ein* Prinzip herrscht, das überall im Weltall gleich ist, dürfen wir annehmen, dass es auch nur *einen* Gott gibt. Jeder Mensch wird gleich geboren, jeder muss sterben. Überall herrschen die gleichen Gesetze, wie z.B. Gravitation, die Relativitätstheorie, die Reaktion chemischer Elemente – auch 25 Galaxien weiter weg von uns.
Das esoterisch klingende „Wie im Kleinen, so im Großen" nennt man in der seriösen Wissenschaft u.a. **„Morphologische Grundmuster"** – diese sind überall. Ein gutes Beispiel ist das Atommodell des Physikers Niels Bohr. Sieht es nicht einem kleines Sonnensystem sehr ähnlich? Die Elektronen, die um den Kern aus Protonen und Neutronen kreisen – wie Planeten um die Sonne, siehe die Illustration unten.

Oder das Phänomen der Spiralformen: diese lassen sich in der Natur überall finden: in Galaxien, oder bei Schnecken und in der Form jeder DNA, der sogenannten Doppelhelix. Beobachten Sie mal den Seifenschaum in Ihrer

Illustration 4: Das ist das Modell eines Atoms von Niels Bor (1885-1962), dem berühmten dänischen Physiker. Auch wenn ein Atom in Wirklichkeit komplexer aufgebaut ist – im Prinzip funktioniert es ähnlich einem Sonnensystem: Wie im Kleinen, so im Großen.

Badewanne, wenn er in den Abfluss strudelt – auch er nimmt oft die Form eines Spiralnebels einer Galaxie an, sogar oft mit den charakteristischen Armen! Jedes Bläschen ein Stern. Nur ein biiiisschen kleiner, denn das Licht braucht zum durchqueren unserer Galaxie, der Milchstraße, ca. 100.000 Jahre.

Es gibt Gesteine, die, wenn durchgeschnitten, innere Strukturen zeigen, die aussehen wie ein Photo der amerikanischen Prärie: verschiedene Schichten aus Sand inkl. der aus Wild-West-Filmen bekannten Tafelberge – auch das wird als morphologisches Grundmuster bezeichnet. Viele Wissenschaftler untersuchen weltweit, wie „im Kleinen, so im Großen" möglich ist.

So ist es nach den Gesetzen der Physik, der Prinzipien dieses Universums, nicht möglich, das „Etwas aus dem Nichts kommt". Schon gar nicht etwas Lebendiges, das sich seines „Ichs" bewusst ist und kreativ ist u.s.w. Das sagt uns schon der **Erste Thermodynamische Grundsatz:** „Die Energie eines abgeschlossenen Systems bleibt unverändert. Verschiedene Energieformen können sich demnach ineinander umwandeln, aber *Energie kann weder aus dem Nichts erzeugt noch kann sie vernichtet werden.*"

Lassen Sie uns ein wenig die Gedanken weiter spinnen: **Das hieße, dass *das Prinzip Leben an und für sich* schon *vor* uns da gewesen sein muss** – das könnte wiederum die Bibel bestätigen, dass Gott schon immer da war.

Das hieße dann, dass „das Leben" unabhängig von unserem Körper existieren kann. Das hieße dann ja auch, dass unsere „Fleischbox"*, also unser Körper (*Zitat einer genialen Pastorin :-)), zwar zerfallen kann, aber unsere Seele weiter bestehen bleiben könnte! **Denn das Leben nach dem Tode, das uns die Bibel verspricht, kann kein Märchenland sein, sondern müsste – wie auch immer, wenn auch noch nicht jetzt – physikalisch erklärbar sein.**

Schon der Zweite Thermodynamischen Grundsatz *scheitert* **am Wunder der Schöpfung:** „In einem sich selbst überlassenem System wächst nicht die Ordnung, sondern die Unordnung!" Der wissenschaftliche Begriff für diese Unordnung ist „Entropie", also z.B. das Chaos der Umweltverschmutzung auf unserem Planeten: zuerst ist das Erz in den Bergen, das Erdöl unter der Erde. Dann landet das Plastik im Meer und altöltriefende Schrottautos auf den Müllhalden dieses Planeten oder im Wald.

So sollte theoretisch nach der größten Explosion aller Zeiten, dem **Urknall**, auch völliges Chaos herrschen. **Aber kein Physiker der Welt kann erklären, warum daraus ein Universum voll faszinierender Ordnung entstanden ist, das noch dazu *das Leben* ermöglicht!** Von wem weiß das WithJesus-Team diesen Fakt? Persönlich von Physikern! (Siehe auch Kap. Nahtoderlebnisse)

Warum sagt einer klügsten Köpfe der Menschheit, der lokal bekannte Physik-Tüftler **Albert Einstein**: „Der Alte [er meinte Gott, Anm.] würfelt nicht"?
Warum erkannte der hochintelligente, aber nicht mal gläubige Astronaut **Eugene Cernan**, als er mit Apollo 17 im Dezember 1972 auf dem Mond stand und ins All blickte: „Das kann alles kein Zufall sein!"[10] Warum ist der bekannte Astrophysiker **Dr. Harald Lesch** von der Universität München Christ und bezeugt seinen Glauben an Gott vor einem Millionenpublikum im Fernsehen?[11]

Warum hat sich die Materie des Weltalls nach dem Urknall exakt im richtigen Maß ausgedehnt? Ein wenig langsamer und es wäre wieder zusammengefallen, ein wenig schneller, und es hätte sich nicht stellenweise „verklumpen" können (sog. Dichteschwankungen), woraus dann die Himmelskörper entstanden sind. **Niemand weiß auch den Grund für den Auslöser des Urknalls** inmitten der unfassbaren Dichte aller Materie davor, genannt „Singularität". Das bezeichnet einen Zustand, in dem sich das komplette Universum in einen Punkt „hinein-gequetscht" hat, jenseits von Raum oder Zeit. Erwähnter Physiker Dr. Harald Lesch nennt den Urknall deswegen „den unbewegten Erstbeweger".
Oder war es doch Gott, der das Licht aufdrehen wollte?
1. Mose 1,3: *„Und Gott sprach: Es werde Licht! Und es ward Licht."*

Und ... warum ist eigentlich *überhaupt etwas*? Warum ist eigentlich nicht Nichts? Es wäre doch viel logischer, wenn überhaupt *nichts* wäre! Stellen Sie sich z.B. bitte mal ein komplett leeres Universum vor und darin einen einzigen, faustgroßer Stein. Und, angenommen, wir könnten das Ganze „von außen" beobachten (ja ja, das ist unlogisch und nur eine Annahme – bitte keine Leserbriefe). Wäre dieser Stein nicht ein unergründliches Wunder? Um wieviel mehr ist *das Leben* auf unserem Planeten ein Wunder, unser Erfindergeist, unser Forscherdrang, die großen geistigen, künstlerischen oder medizinischen Errungenschaften? Es könnte so schön sein auf diesem Planeten!

Im **Ursuppenexperiment** von **Stanley Millers** und **Harold C. Urey** (siehe Illustration nächste Seite) wurde 1953 ein abgeschlossenes Behältnis mit einer angenommen, hypothetischen Ur-Atmosphäre gefüllt: Wasser, Methan, Ammoniak, Wasserstoff und Kohlenstoffmonoxid.
Dann wurden kleine Blitze hineingeschickt. So entstanden lt. den Forschern „aus dem Nichts" Biomoleküle und einfache Elemente von Aminosäuren, erste

---

10 Aussage von Eugene Cernan in der BBC Doku „In The Shadow Of The Moon", 2007
11 Prof. Dr. Harald Lesch in der Talkshow von Johannes B. Kerner vom 04.03.2009 im ZDF

Bausteine des Lebens. Aber abgesehen davon, dass die meisten nach kürzester Zeit zerfielen und noch immer nicht nachgewiesen werden kann, wie sich diese zu größeren Strukturen kombinieren können:

Halt, Herr Miller und Herr Urey – wenn Sie mit Ihrem Experiment beweisen wollten, dass die Evolutionstheorie und eine Entstehung des Lebens ohne Gott möglich ist, ist der Inhalt Ihrer Eprovette eine nicht komplette Sicht der Dinge – wir müssen das Experiment *komplett* betrachten! D.h., auch die große Eprovette mit der Ursuppe, den Installationen zum Einleiten der elektrischen Blitze *und die Intelligenz(en)*, die dahinter standen – nämlich Herrn Miller und Herrn Urey *selbst,* die sämtliche Rohrleitungen und Gefäße herstellten und zusammensteckten, mit den Gasen füllten, die Stromleitungen in Gang setzten und den Knopf für die Blitze drückten!

Es ist mit allen Versuchen und Experimenten so, wo Forscher versuchen, lebendige Materie aus lebloser Materie zu erzeugen: Ohne Forscher kein Experiment

Illustration 5: *Das „Ursuppen-Experiment" von Herrn Miller und Herrn Urey. Jaja, die beiden und Ihre Mitarbeiter sahen vielleicht ein wenig anders aus, aber so ungefähr kann man sich die ganze Sache vorstellen.* ℗©**WITH JESUS**®

– ein Ergebnis gibt es nur mit einem Schöpfer, der den Einschaltknopf für das Experiment drückt. Im Kleinen wie im Großen.

Aber es wird noch viel unglaublicher: **Führende Quantenphysiker sprechen weltweit seit geraumer Zeit immer öfter von Gott, finden Ihn in den Ergebnissen ihrer Experimente.** Zum Beispiel Professor **Antoine Suarez** von der Universität Genf: „Hier ist eine mächtige unsichtbare Intelligenz am Werk: Gott, Engel oder sonst was!"[12]

Erwin Schrödinger, österreichischer Mathematiker, Quantenphysiker und Nobelpreisträger, meint auch in seinem Werk „Meine Weltansicht", dass wir „ein Einziges Ganzes sind, ein Bewusstsein!" Woher stammen die für uns überraschenden Gedanken der Physiker? Hier ein kleiner Einstieg in ihre Welt:

Bereits im Jahr 1802 entdeckte der Arzt Thomas Young das berühmte **Doppelspalt-Experiment** (siehe Ill. 6 und 7 auf den nächsten Seiten):
Licht wird auf eine Scheibe projiziert, in der zwei Spalten sind. Theoretisch sollten auf der Projektionsfläche dahinter zwei Lichtflecke sichtbar sein – es sind aber mehrere! Das zeigt, dass sich Lichtquanten wie Wellen verhalten. Etwa, wie wenn man zwei Steine in einen Tümpel fallen lässt: die kreisförmig ausbreitenden Wellen überlagern sich in einem Interferenzmuster, d.h. sie löschen sich teilweise aus, teilweise verstärken sie sich, was mehrere Lichtflecke ermöglicht. Versuchen die Forscher jedoch, den Weg der Teilchen mit störungsfreien Detektoren passiv zu beobachten, entstehen jedoch nur zwei Lichtflecke! Selbst wenn die Forscher im Experiment nur ein Photon nach dem anderen durch die zwei Spalten dringen lassen, entstehen mehrere Lichtflecke – woher „weiß" das einzelne Teilchen, dass ein zweiter Spalt offen ist und wie es sich als Welle verhalten soll? Kann man von „Wissen" eines Quants sprechen? Denn auf irgendeine Art und Weise *informieren* sich die Quanten untereinander. Ist das überspitzt ausgedrückt? **Das Unglaubliche: diese Lichtbrechung funktioniert auch mit nur *einem* Spalt** (siehe Ill. 7 auf der übernächsten Seite)!
Bekannt wurde der österreichische Quantenphysiker **Prof. Dr. Anton Zeilinger** mit seinen Experimenten, in denen ihm erstmals die **Teleportation von Teilchen** gelang. In einem Interview bemerkte Prof. Zeilinger „Information ist fundamentaler als dieser naive Begriff von Materie!" Das heißt, sinngemäß vereinfacht: wenn man Atome eines Hammers mit denen einer Blume austauscht, bleibt es trotzdem der gleiche Hammer. „Nur die Information in der *Anordnung der Moleküle* charakterisiert den Hammer, nicht dessen Substanz. Information

12 PM Online, Scheppach, Joseph, „Wie die Kräfte des Kosmos unser Leben bestimmen", 5.3.2013

ist der fundamentale Baustoff dieses Universums!" Da stellt sich somit die Frage: von wo kommt diese Information? Von *etwas* ... oder nur von *jemanden, der informiert?* **Die Frage ist: woher „weiß" das Atom eines Hammers, dass es kein Atom einer Blume ist?**

Genau diese Fragen haben zur Theorie des „Intelligent Design" geführt: dass die Ordnung dieses Universums von einer *Intelligenz „designt"* wurde.

Und jetzt wird es noch mysteriöser: theoretisch sollte es nichts in diesem Weltall geben, dass schneller ist als Lichtgeschwindigkeit. Gibt es aber doch!

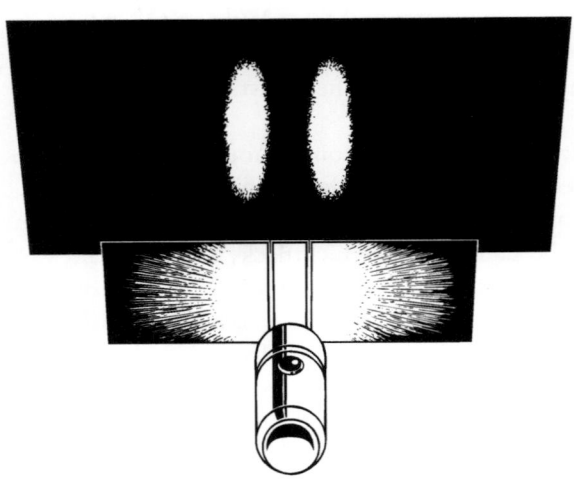

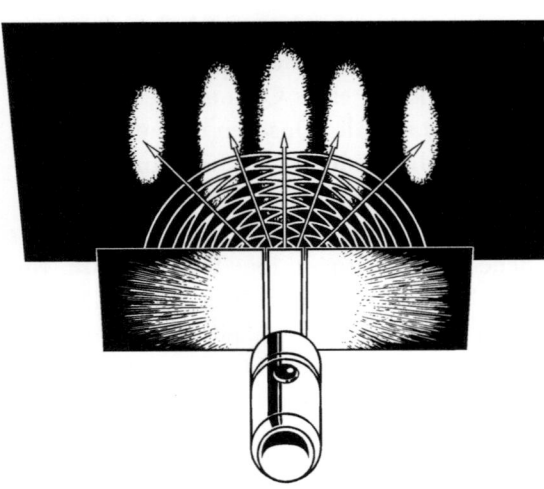

Illustration 6:

Theoretisch sollten an der Projektionswand mit zwei Spalten nur zwei Lichtflecke sein. Wenn man Quanten „berechnet", bekommt man auch nur dieses Ergebnis.

An der unteren Illustration sieht man aber, dass sich jedoch mehrere Lichtflecken bilden, deren Struktur auf eine Wellen-Charakteristik hinweist.

Licht bzw. Quanten sind also „mehrdimensional", somit gleichzeitig Welle und Teilchen.

In Interviews mit uns bezeichneten Physiker das als ein Phänomen wie eine „Zweifaltigkeit":

Materie, die gleichzeitig zwei Eigenschaften hat.

Wie Gott, der gleichzeitig Jesus und Heiliger Geist ist.

Und das illustriert die Verheißungen der Bibel.

Und zwar ausgerechnet den Nachweis für **die Informationsübertragung zwischen Quanten, die mit Überlichtgeschwindigkeit funktioniert!** (Nein, das heißt jetzt nicht, dass wir in wenigen Jahren nur Minuten zum Mars brauchen) Dieses Phänomen wird im Experiment der **„Verschränkung"** nachgewiesen, siehe Illustration Nr. 8 nächste Seite: zwei Quanten, die zur gleichen Zeit und am gleichen Ort entstanden sind, sind „miteinander verwandt". Zum Beispiel zwei Lichtphotonen (in der Illustration die Smileys), die wir in nun durch ein Prisma schicken. Ihre Wege werden dadurch getrennt, sie fliegen auseinander. Prallt das eine Photon gegen einen lichtundurchlässigen Spiegel, bleibt es „hängen" ... und exakt zur selben Zeit „erlischt" das andere! Fliegt das eine durch, fliegt auch das andere weiter – sie bleiben „in Verbindung", selbst wenn die Spiegel in ungleiche Bewegung versetzt werden. Diese Informationsübertragung funktioniert nicht nur schneller als Lichtgeschwindigkeit, sondern sogar *ohne* Zeitverzögerung! Das funktioniert auch bei anderen Teilchenarten, also Elektronen, Atome, Atomwolken und Moleküle – und selbst über die gigantische Entfernung von Lichtjahren hinweg. **Ist das Phänomen der Verschränkung ein physikalischer Nachweis für *Reaktionen von Gott in entfernungsunabhängiger Echtzeit,* z.B. eine Prophetie für uns Menschen, eine Heilung, eine Gebetserhörung, eine Antwort?**

Wenn Quantenphysiker den Ort eines Elektrons messen wollen, können sie nicht gleichzeitig seine Geschwindigkeit feststellen. Wird die Geschwindigkeit

Illustration 7:
Hier wird ein Laserstrahl durch einen Spalt auf eine Wand in ca. einem Meter Entfernung projeziert. Deutlich erkennbar ist auch hier die Beugung des Lichts, das Interferenzmuster, ein Beweis dafür, dass Lichtquanten gleichzeitig Materie und Energie sind. So wie Gott gleichzeitig Jesus und der Heilige Geist ist.
Photo vom With-Jesus-Team.

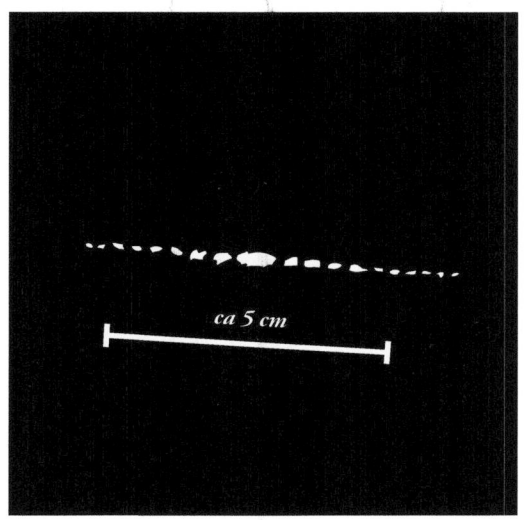

ca 5 cm

des Quants gemessen, kann es nicht lokalisiert werden. Darob polterte Einstein: „der Mond steht ja auch nicht nur deshalb am Himmel, weil wir hinschauen." **Damit war ein Beweis erbracht, dass die Quanten, aus denen auch wir Menschen bestehen, in *mehreren* Dimensionen zur *gleichen* Zeit existieren – sie sind gleichzeitig Energie als auch Materie.**
Prof. Zeilinger hinterfragt sogar den Gedanken **Steven Hawking**s, warum er nicht an Gott glaubte: „Ein Beispiel, das er [Hawking, Anm.] vertrat: Da wir das Gesetz der Gravitation haben, benötigen wir keinen Gott, der das Weltall geschaffen hat; sondern aus diesem Gesetz der Gravitation hat sich das Weltall selbst geschaffen. Aber daraus, meint Prof. Zeilinger „zwingt sich folgende Frage auf: woher kommt denn dann das Gesetz der Gravitation?"[13]

Und die Quantenphysik beschreibt sogar eine mögliche Lernfähigkeit des Universums! Für den französischen Physiker **Jean Charon** sind Quanten „denkende Einheiten": Elektronen können Photonen „fressen". Diese haben eine Eigendrehung, den „Spin" – sollten sie innerhalb eines Elektrons dieses Spin weitergeben oder ändern, wären die Quanten das Gedächtnis des Elektrons und ein binärer Code entstünde, der lt. Monsieur Charon „das gesamte Wissen

13 orf.at online, https://science.orf.at/stories/2901117/, 14.03.2018, abger. am 4.4.2018

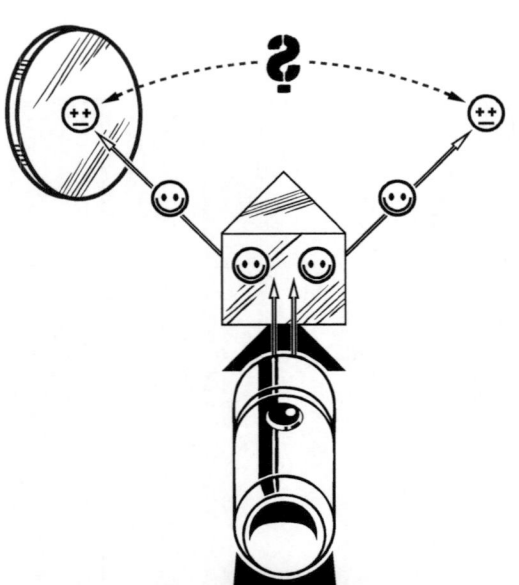

Illustration 8:
Woher „weiß" das eine Quant (rechts), dass sein „Zwilling" (links) erloschen ist?
Auf welche Art und Weise bekommt es diese Information?
Wieso funktioniert hier eine Übertragung (in der Abbildung durch das Fragezeichen symbolisiert), die gegen alle Erkenntnisse der Physik schneller ist als das Licht?

℗©**WITH JESUS**®

einer allmächtigen Schöpfung enthält!" **Das ganze Universum als ein morphologisches Atomfeld, das alles Wissen aller Geschehnisse gespeichert hat, ist dadurch denkbar und kompatibel mit der Bibel.** (s. S. 52 Punkt 3/5)

Ein Mitglied des WithJesus-Teams diskutierte über längere Zeit mit einem Physiker über den Glauben. Der Physiker bezeichnete sich selber als Atheist. Aber die logischen Argumente des WithJesus-Mitarbeiters (die auch im vorliegenden Kapitel stehen) inspirierten den Physiker zu einer kleinen Schrift. Deren Titel sagt alles: **„Seelen-Quanten"©**. Darin beschreibt der Physiker die theoretische Möglichkeit, dass nach dem Tode eines Menschen, d.h. nach dem Absterben des physikalisch nachweisbaren Körpers, dessen Seele in Form eines „Quanten-Leibes" weiterleben könnte.

Was unfassbar sein muss — bitte stellen Sie sich vor: wir wären nach dem Tod nicht mehr an unser vergessliches Hirn mit beschränkter Vorstellungskraft gebunden, unser Blickfeld wird nicht mehr von zwei Augen geschmälert, die immer alters-weitsichtiger werden, von unserem schwerfälligen Körper bleibt nur ein überlichtgeschwindigkeitsschneller Quanten-Leib über:
Welche neuen, mehrdimensionalen Formen an Musik könnten wir dann komponieren? Welche gigantischen Licht-Bilder malen? Welche neuen Formen an Wissen, Gedächtnis, Vorstellungsvermögen oder Kommunikation hätten wir in einem Augenblick zur Verfügung?

1.Korinther 15, Vers 44: *„... es wird gesät ein natürlicher Leib, und es wird auferweckt ein **geistlicher** Leib."*

Schlussfolgerung dieses Kapitels: die Ergebnisse der Physik decken sich auf verblüffende Weise mit vielen Beschreibungen der Bibel:

1/5) Im Weltall ist Leben — also müsste auch Gott leben.
Die Bibel beschreibt Gott als den *lebendigen Gott* und verabscheut die Anbetung von Götzen aus Holz und Stein.
Jeremia 10ff: *„Denn ein Holz ist's, das man im Walde gehauen und das der Künstler mit dem Beile zurichtet. Er ziert es mit Silber und Gold und befestigt es mit Hämmern und Nägeln, damit es nicht wackelt ... solche Götzen; sie können nicht reden; man muß sie tragen, denn sie können nicht gehen. Fürchtet euch nicht vor ihnen ... Aber der HERR ... **ist ein lebendiger Gott und ein ewiger König** ... Alle Menschen stehen da als Toren, trotz ihrem Wissen, und alle Gießer werden an ihren Bildern zuschanden; denn was sie gießen ist Betrug, und kein Geist ist darin. Schwindel ist's, ein lächerliches Machwerk!"*

2/5) Gott ist immer und überall zugleich, denn
die Prophetien der Bibel beweisen: *Gott ist unabhängig von unserer Dimension von Raum und Zeit.* Denn die Prophetien wurden *nachweisbar vorher* geschrieben und sind *danach* wahr geworden! Siehe Kap. 2.2 dieses Buches. **Gott ist immer da und wartet auf uns, wird bestätigt in der Apostelgeschichte 17,27ff:** *„Es ist der Gott, der die Welt und alles, was in ihr ist, geschaffen hat.* ***Dieser Herr des Himmels und der Erde wohnt nicht in Tempeln, die Menschen gebaut haben.*** *Er braucht auch nicht die Hilfe und Unterstützung irgendeines Menschen. Er, der allen das Leben gibt ...* ***Das alles hat er getan, weil er wollte, dass die Menschen ihn suchen. Sie sollen ihn spüren und finden können. Und wirklich, er ist jedem von uns ja so nahe!*** *Durch ihn allein leben und handeln wir, ja, ihm verdanken wir alles, was wir sind.“*

3/5) Das ganze Weltall könnte ein riesiges Gedächtnis sein:
Lukas 8,17: *„Denn es ist nichts verborgen, was nicht offenbar werden soll, auch nichts geheim, was nicht bekannt werden und an den Tag kommen soll.“*
Epheser 5,11f: *„Beteiligt euch nicht an den nutzlosen Taten der Finsternis ... Es ist beschämend ... was gottlose Menschen im Verborgenen treiben. Doch wenn das Licht darauf fällt,* ***wird alles sichtbar werden.“***

4/5) Es gibt ernsthafte physikalische Theorien zum Beweis des ewigen Lebens, die Aussagen der Bibel über das Leben nach dem Tod bestätigen
Jesaja 26,19: *„Aber deine Toten werden leben, deine Leichname werden auferstehen. Wachet auf und rühmet, die ihr liegt unter der Erde ... die Erde wird die Toten herausgeben.“* (Nein, keine Zombies, sondern Auferstehung, s. Daniel 12,2 & 3)
Johannes 11,25 (Zitat von Jesus persönlich): *„Wer an mich glaubt, der wird leben, auch wenn er stirbt;“*

5/5) Die Physik erlaubt die Vorstellung einer „Geistlichen Welt": eines mehrdimensionalen Universums, wo Gott, Jesus und die Engeln wohnen.
Wir können jetzt mit unseren „fleischlichen Augen" noch nicht in diese Dimension sehen, aber in Zukunft soll die Erde zu einem ewigen Reich des Friedens transformiert werden, wo alle Menschen mit Gott gemeinsam wohnen werden.
Hesekiel 37,25f: *„Sie und ihre Kinder und Kindeskinder sollen darin wohnen ... Und ich will mit ihnen einen Bund des Friedens schließen ... ein ewiger Bund ... Ich will unter ihnen wohnen und will ihr Gott sein.“*
(Mehr Info im vorliegenden Buch, speziell Kap. 2.2 und 6.3ff)

Was sind die Erkenntnise der Quantenphysik?

Sie zeigt, erklärt und bestätigt unbeabsichtigt das Wesen Gottes: wir sind alle ein Teil von Ihm, mehrdimensional zur gleichen Zeit, denn wir bestehen alle aus Quanten – siehe Illustration 1, Seite 19.

Wir sind alle in permanenter Verbindung mit Gott, Gedanken und Gebete werden ohne Zeitverlust übermittelt, unabhängig jeglicher Entfernung, die es im Quantenkosmos nicht mal gibt.

Apostelgeschichte 17,28: „*Denn in ihm* [Gott, Anm.] *leben, weben und sind wir; wie auch einige Dichter bei euch gesagt haben: Wir sind seines Geschlechts.*"

Das uns geläufige Raum-Zeit-Gefüge wird in der Quantenphysik aufgehoben, was z.B. Gebetserhörungen, Prophetie oder den allmächtigen, allgegenwärtigen Gott der Bibel vorstellbar(er) macht. Dimensionen ohne Zeit, Hyperraum, also das „überall-zur-selben Zeit-sein", ist kein Märchen, sondern Realität.

Die Mehrdimensionalität ist NICHT „irgendwo da draußen", sondern wir Menschen SIND Mehrdimensionalität in einer mehrdimensionalen Welt. Und so wird es plötzlich physikalisch vorstellbar, dass wir – oder unsere „Seelenquanten" – nach unserem irdischen Tod unser Gedächtnis und unsere Individualität behalten und wir, wie die Bibel in vielen Stellen ankündigt, die Ewigkeit im Lobpreis mit Gott verbringen können!

Psalm 115,18: „*... aber „wir" loben den HERRN von nun an bis in Ewigkeit!*"

Niels Bohr, Nobelpreis 1922: „Wer über die Quantentheorie nicht entsetzt ist, der hat sie nicht verstanden."

Albert Einstein, 1926: „Die Quantenmechanik ist sehr achtunggebietend ... Es ist absolut möglich, dass jenseits der Wahrnehmung unserer Sinne ungeahnte Welten verborgen sind!"

Professor Antoine Suarez: „Der Quanten-Spuk deutet darauf hin, dass hinter der sichtbaren Welt Kräfte Entscheidungen treffen, welche sich vollends der menschlichen Kontrolle entziehen."

Der berühmte Astronom **Carl Sagan** (leider 1996 verstorben) geizt nicht mit – sorry – unbelegten Unterstellungen über Christen: „... statt dessen sagen sie ‚Nein, nein, nein, mein Gott ist ein kleiner Gott, und ich will, dass er klein bleibt!' Eine Religion, die die Größe des Universums im Sinne der Wissenschaft betont, könnte wahrscheinlich auf wesentlich mehr Ehrfurcht und Ehrerbietung hoffen als die herkömmlichen Glaubensrichtungen."[14] **Quatsch.**

14 Carl Sagan, Zitat aus seinem Buch "Blauer Punkt im All"

Woher will Carl Sagan wissen, dass Christen einen „kleinen Gott" wollen? Welcher Kleingeist wird den Christen hier schon wieder angedichtet?
Die Bibel, Juden- und Christentum betonen Ehrfurcht, Ehrerbietung und die Größe des Universums, seit es sie gibt! Hier ein paar Kostproben des gelebten **THINK-BIG-Bewusstseins von uns Christinnen und Christen:**

Epheser 2,7: *„In den kommenden Zeiten ... soll der **unendliche** Reichtum Gottes Gnade sichtbar werden: die Liebe, die Gott uns durch Jesus Christus erwiesen hat."*
Epheser 3,20: *„Gott kann **unendlich** viel mehr an uns tun, als wir jemals von ihm erbitten oder uns ausdenken können. So mächtig ist die Kraft, mit der er in uns wirkt."*
Titus 1,2: *„Sie sollen wissen, dass sie auf ein **ewiges** Leben hoffen dürfen. Das hat Gott, der nicht lügt, schon **vor unendlich langer Zeit** versprochen"*
1. Johannes 3,20: *„Denn **Gott ist größer als unser Herz**, und er weiß alles ."*
Lukas 9,43: *„Und alle gerieten außer sich über **die Macht und Größe Gottes!**"*
1. Korinther 2,9: *„Was kein Auge jemals sah, was kein Ohr jemals hörte und **was sich kein Mensch vorstellen kann, das hält Gott für die bereit, die ihn lieben.**"*
Hiob 5,9: *„Was Gott tut ist **groß und gewaltig, niemand kann es begreifen**; seine Wunder sind unzählbar!"* Gott ist für Christinnen und Christen unendlich!

Viele Menschen glauben, mit den schlechten Ereignissen dieser Welt Gottes Nicht-Existenz beweisen zu können. Dazu führen sie persönliche schlimme Erlebnisse und Katastrophennachrichten in den Medien an – siehe Kap. 5.0f. Oft werfen Atheisten Christen vor, dass Christsein jede Forschung verhindert. Völliger Quatsch, denn **viele Wissenschafter begannen** *wegen* **ihres Christseins zu forschen oder wurden** *wegen der Wissenschaft* **Christen!**
Und wenn wir nicht an Gott glauben würden, gäbe es den interessantesten Grund zur Forschung überhaupt nicht, nämlich *die Suche nach Gott selbst!* **Immer mehr Physiker, speziell Quantenphysiker, glauben an Gott,** was ab Kapitel 2.6. und hier anhand mehrerer Zitate von Menschen angeführt wird, die mit Ihrer Intelligenz zumindest lokale Bekanntheit (Scherz:-)) erlangten:

Max Planck (1858-1947), deutscher Physiker, Quantenphysik:
„Da es im ganzen Weltall aber weder eine intelligente Kraft noch eine ewige Kraft gibt ... müssen wir hinter dieser Kraft einen bewußten intelligenten Geist (!) annehmen!"
Guglielmo Marchese Marconi (1874-1937), italienischer Ingenieur, Physiker und Pionier des Funks (dessen Funkgeräte auf der Titanic viele Leben retteten!):

„Ich erkläre mit Stolz, dass ich gläubig bin. Ich glaube an die Macht des Gebetes. Ich glaube nicht nur als gläubiger Katholik, sondern auch als Wissenschaftler!"
Sir Arthur Stanley Eddington (1882-1944), englischer Astronom und Physiker: „Die moderne Physik führt uns notwendig zu Gott hin, nicht von ihm fort. – Keiner der Erfinder des Atheismus war Naturwissenschaftler. Alle waren sie sehr mittelmäßige Philosophen."
Hubert Reeves, kanadischer Atom- und Astrophysiker (*1932)
„Der Mensch ist die dümmste Spezies. Er verehrt einen unsichtbaren Gott und tötet eine sichtbare Natur, ohne zu begreifen, dass diese Natur, die er vernichtet, dieser unsichtbare Gott ist!"
Albert Einstein (1879-1955) in Briefen an seine jüdischen Physikerkumpels **Niels Bohr, Max Born und Cornelius Lanczos:**
„Es scheint hart, dem Herrgott in die Karten zu gucken ... die Quantenmechanik ist sehr achtunggebietend. Aber eine innere Stimme sagt mir, daß das noch nicht der wahre Jakob ist ... dem Geheimnis des Alten bringt sie uns kaum näher. Jedenfalls bin ich überzeugt, daß der nicht würfelt." (Mit *der Alte* meinte Einstein Gott, Anm. :-))
Carl Friedrich von Weizsäcker (1901-2007), deutscher Physiker: „Der erste Trunk aus dem Becher der Naturwissenschaft macht atheistisch, aber auf dem Grund des Bechers wartet Gott."
Anton Zeilinger (*1945), österreichischer Physiker und Nobelpreisträger: „Ich kann eine Intervention Gottes nicht ausschließen. Lässt die Evolutionstheorie Raum für Gott? Selbstverständlich! Für mich persönlich gibt es sehr wohl einen Gott ... mit dem ich sprechen kann." (Interview 2022)

Also Leute – wie in der Bibel empfohlen, machen wir uns keine Vorstellung von Gott, weil wir Ihn uns sowieso nicht vorstellen können, es wäre müßig. Aber forschen wir nach Ihm und wie wir Seine Angebote für ein erfülltes Leben gewinnen, denn so können wir ganz Seinen Segen empfangen!
Es ist sinnlos, aufgrund der zugegeben oft furchtbaren Geschehnisse in unserer Welt die Nicht-Existenz Gottes beweisen zu wollen, s. Kap. 5.0ff

Wie in Kap. 2.3 versprochen, etwas Positives über Richard Dawkins – völlig unerwartet verteidigte er das Christentum angesichts des weltweiten Terrors: **„Soweit ich weiß, gibt es keine Christen, die Gebäude sprengen. Ich kenne keine christlichen Selbstmordattentäter. Mir ist keine große christliche Konfession bekannt, die glaubt, dass die Strafe für Abfall vom Glauben der Tod ist. Ich habe gemischte Gefühle über den Niedergang des Christentums,**

insofern das Christentum ein Bollwerk gegen etwas Schlimmeres sein könnte." und: „Das Christentum ist vielleicht unsere beste Verteidigung gegen abartige Formen der Religion, die die Welt bedrohen."[15]

Hey, ihr Atheisten, seid ihr feige oder mutig?
Dann geht doch mal in christliche Gemeinden und **fragt nach den vielen Wundern,** die Menschen dort selbst *persönlich* (und nicht aus Medien) dank Gottes Hilfe erleben durften: Heilungswunder, geheilte Krebspatienten, Heilung zerrütteter Ehen, wiederhergestellte Beziehungen zwischen Eltern und Kindern, Rettung für Existenzen, die fast schon unter der Brücke endeten, Heilung tödlicher Verletzungen, selbst an Haustieren der Christen.
All das haben auch die AutorInnen und Autoren dieses Buches mehrfach selbst erlebt. Jesus empfiehlt uns in
Matthäus 7,7: *„Bittet, so wird euch gegeben; suchet, so werdet ihr finden; klopfet an, so wird euch aufgetan!"*
Was, nur klopfen? Lasst uns *hämmern* an Gottes Türe, Er wartet auch auf Atheisten! :-)

Danke, keine weiteren Fragen, sagt das WithJesus-Team.

Aber nun zurück auf den Erdboden der Tatsachen. Haben wir uns über solch hochwissenschaftliche Angelegenheiten Gedanken gemacht, *bevor* wir auf die Welt kamen? Und dennoch ist uns dieses unfassbare Wunder des Lebens und der Geburt zuteil geworden. Oder haben wir als Kinder über Quantenphysik gegrübelt? Ist es nicht völlig egal, ob wir aus Schwingungen, Frequenzen, Strings, Licht oder sonst bestehen? All das dient sicher zum Staunen und zur Auferbauung, aber Gott hat eine Welt geschaffen, in der Menschen Beziehung, Liebe und Harmonie suchen, so wie Gott sie mit uns Menschen sucht.
Ist es nicht wesentlich unwichtiger zu wissen, wie ein Handy funktioniert, anstatt jemanden damit anzurufen, um „Ich hab Dich lieb" zu sagen? Wir kamen als winzige Kinder auf die Welt und bekamen das Leben geschenkt. Und so dürfen auch wir das Geschenk der Botschaft vom ewigen Leben jetzt annehmen wie die Kinder: einfach im Vertrauen auf Jesus!

---

15 gospelherald.com online, Delaney, Elizabeth: „Richard Dawkins Sees Islam As a More Severe World Threat than Christianity", http://www.gospelherald.com/articles/61356/20160112/ richard-dawkins-sees-islam-as-a-more-severe-world-threat-than-christianity.htm, 12.1.2016, abger. am 19.6.2018. Dieses Zitat Dawkins' stammt vom atheistischen „Rock Beyond Belief"- Festivals 2010 in Fort Bragg, North Carolina, USA.

Matthäus 18,3: „*Wahrlich, ich sage euch: Wenn ihr nicht umkehrt und werdet wie die Kinder, so werdet ihr nicht ins Himmelreich kommen.* **Wer nun sich selbst erniedrigt und wird wie dies Kind, der ist der Größte im Himmelreich.**"

Mitarbeiter des WithJesus-Teams hatten auch viele Gespräche mit esoterisch aktiven Menschen. Diese hinterließen den Eindruck, permanent die Existenz eines lebendigen Gottes verwässern oder Seine Existenz wegargumentieren zu wollen. So wurde Gott von ihnen nebulos z.B. als „die kosmische Energie" bezeichnet, oder (Zitat, ehrlich!): „Man kann anstatt Gott auch ‚D.u.l.E.' sagen, die unendliche liebende Energie". Das von vielen Esoterikern immer wieder (sorry, wir müssen das ansprechen) papageiengleich einander ungeprüft nachgeplapperte Halbwissen, meist ein Gemisch aus
1) Buddhismus, Hinduismus und verfälschtem Christentum
2) Verschwörungsgemurmel um eine angeblich verfälschte Bibel
3) Versuche, die Religionen dieser Welt in einem Misch-Masch zusammenquetschen zu wollen, das bei wissenschaftlicher Betrachtungsweise unglaubwürdig wird, weil sie einander völlig widersprechen, erzeugte beim WithJesus-Team den **Eindruck, dass sich viele Menschen aus Esoterik und Okkultismus mit einer Phantasiewelt der Verantwortung gegenüber Gott drücken wollen.**

Doch wer sich zum Gott der Bibel und Seinem Sohn Jesus Christus bekennt, flüchtet nicht vor Verantwortung, sondern nimmt sie erst wirklich verbindlich auf sich: Ehrlichkeit, Feinde lieben, verzeihen, segnen etc.

Stellen Sie sich vor, ihre heißgeliebten Kinder oder Lebenspartner würden Sie, liebe Leser, nicht mehr als Person bzw. mit Ihrem Namen, sondern nur mehr wie einen biomechanischen Organismus behandeln. Und sie z.B. nur mehr als „heißgeliebte Kohlenstoff-Einheit", „ersehnte Ansammlung mehrerer Aminosäuren" etc bezeichnen. Das wäre wahrscheinlich ein wenig befremdend für Sie. Wir sind überzeugt: So ist Gott von Menschen befremdet, die Seine Eigenschaften als Person wegphilosophieren wollen. Kann etwas, das *nicht* die Eigenschaften einer Person bzw. Individualität hat, Individuen wie lebendige Menschen erschaffen und ihnen die biblischen Prophetien verkünden, die Raum und Zeit überspringen und immer zutreffen? Wohl kaum.
Wir Menschen sind Personen, weil Gott „Person" ist. Nur ein lebendiger Gott, der *selbst* individuell, bewusst, lebendig, intelligent, persönlich und schöpferisch ist, kann ebensolche Wesen erzeugen: uns Menschen!
Das ist wie eine Bestätigung des Gottes, den wir nur in der Bibel finden.

2.7 Weitere Nachweise: die Bibel — nein, sie wurde nie „verfälscht"

Viele Verschwörungsfans, Atheisten, Andersgläubige und Esoteriker behaupten gerne, dass die Bibel gefälscht wurde. Das lässt sich aber logisch widerlegen: Erstens müsste dazu mal definiert werden, *was* verfälscht oder verändert worden sein soll und zweitens, *welcher Text stattdessen dort gestanden* haben soll. *Das* können die „Die-Bibel-wurde-verfälscht-Menschen" natürlich nicht, was für Christen einen gewissen Humorfaktor beinhaltet.

Um *wissenschaftlich seriös* beweisen zu können, dass die Bibel verfälscht wurde, müsste jede Person, die das behauptet, ein *nachweislich unverändertes* und *älteres Original-Exemplar* vorzeigen.
Sonst beraubt sie sich ihrer Glaubwürdigkeit.
Denn logisch weitergedacht, müssten ja im Falle einer „verfälschten Bibel" irgendwo „unveränderte Originale" sein. Wo könnten dann diese „originalen" Bibeln sein? Oder wurden sie alle eingesammelt und verbrannt? In den Katakomben des Vatikan versteckt? Vielleicht gleich neben den X-Akten über abgestürzte UFOs, die jetzt in der Area 51 lagern, ein paar verstaubten Madonnenberichten über das Ende der Welt und die Verschwörungstheorien über die Mondlandung ... Quatsch, Ironie Ende, natürlich nicht!

Die Bibel, die „Betriebsanleitung" der Christenheit, nimmt den Ersten Platz als bestbelegtes Schriftwerk der Antike ein. Mit 5.644 antiken Manuskripten, die Teile des Neuen Testaments in seiner griechischen Originalsprache erhalten. Weitere 19.000 in Latein, Äthiopisch, Slawisch und Armenisch.
Am Zweiten Platz ist die „Ilias" des Homer mit nur 650 Manuskripten[16] – aber haben Sie je gehört, dass die „Echtheit" der Ilias angzweifelt wird?
Für andere antiken Texte, z.B. von Cicero, Plato, gibt es oft nicht mal ein Dutzend Manuskripte. **Die Bibel ist, wie im nächsten Kapitel genau erklärt, historisch nachvollziehbar und im Laufe von mehreren hundert Jahren, man möchte fast sagen, „gesund gewachsen".**

Selbst die Berichte, die nicht in allen Bibeln aufgenommen wurden, sind in den sogenannten **„Apokryphen"** nachzulesen. Und die finden Sie im gutsortierten Buchhandel oft schon bei den Sonderangeboten in der Wühlkiste – soll heißen, sie sind jedermann zugänglich!

16 Gabriel, Mark, „Jesus und Mohammed", Resch, 1. Auflage 2006, S. 267

Der Inhalt der Bibel ist historisch und chronologisch schlüssig und stringent, und wenn etwas fehlen würde, dann würde es auffallen.
Tut es aber nicht.

Und wer sollte die Bibel verändern wollen? Natürlich nur jemand, der einen Vorteil davon hätte. Aber: **kein Volk, das in der Bibel erwähnt wird, hat jetzt einen „Vorteil" vom Inhalt der Bibel.**
Wer hat die Bibel geschrieben? Die Juden! Und kaum jemand ergeht es in der Bibel schlechter als den Juden, inklusive einer Menge dramatischer Prognosen für dieses Volk aufgrund ihrer Verfehlungen.
Wenn Menschen in ihrer Schwachheit selbst ein „Heiliges Buch" schreiben würden, wäre es nicht logisch, dass sie versuchen, sich selbst als ein „Volk Gottes" darzustellen, dem alle gehorchen müssen? Das steht aber so nicht in der Bibel. **Die Verfasser der Bibel, die Juden, haben sich, ihre Geschichte und ihre Verfehlungen in schonungsloser Ehrlichkeit in der Bibel aufgezeichnet.** *Also gehört die Bibel zumindest zu den ehrlichsten Büchern der Welt.*

Hat „die Katholische Kirche die Bibel für Männer ,optimiert' und Frauen darin diskriminiert"? Auch nicht, im Gegenteil, nachzulesen im Brief an die **Epheser 5,25:** *„Ihr Männer, liebt eure Frauen, wie auch Christus die Gemeinde geliebt hat und hat sich selbst für sie dahingegeben ..."* Und wie hat sich Jesus für die Gemeinde dahingegeben? Selbstlos bis in den Tod! Das ist eine **eindeutige Aufforderung zur Gleichberechtigung!** Siehe Kapitel 5.4.

Auch die **Reinkarnation** wurde nicht „aus der Bibel gelöscht" – das komplette Konzept der Bibel widerspricht gänzlich der Reinkarnationslehre, d.h., dass man nach seinem Tod in einem anderen Körper oder gar dem Körper eines Tieres wiedergeboren wird, wie es Hinduisten, Buddhisten und viele esoterisch denkende Menschen glauben.
ACHTUNG: die Reinkarnationslehre darf mit der **Wiedergeburt in Jesus** nicht verwechselt werden! Ausführliche Erklärung siehe Kapitel 4.2 & 6.0ff.

Folgende Fakten bestätigen die seit fast 2500 Jahren 100%ige, präzise, unveränderte Weitergabe des biblischen Inhalts: die Schriftrollen aus den **Höhlen von Qumram,** viele **Papyrus-Fragmente** mit biblischen Texten und Teilen der Evangelien. Und nicht nur das: dank der Papyrus-Fragmente wissen wir, dass die Evangelien noch älter als gedacht sind, also noch früher und somit kürzer nach Jesu Leben geschrieben wurden als bisher angenommen.

Zahlreiche archäologischen Funde haben nur noch mehr die Echtheit, die Authentizität und Originalität der Bibel und ihrer Berichte bewiesen. Viel mehr Info darüber im Buch „Glauben? Wissen!" des WithJesus-Teams.

Hat die Bibel von anderen Religionen abgeschrieben?

Mehrere Geschehnisse in der Bibel gibt es ähnlich in älteren Religionen – der Gedanke liegt menschlich gesehen nahe, dass Juden oder Christen hier „abgekupfert" haben könnte.

Ein Beispiel ist die Sache mit der **Sintflut**, die auch im Gilgamesch-Epos erwähnt wird, einem Werk akkadischer und sumerischer Litratur aus Mesopotamien. Meso... was? Wer hat in der Schule aufgepasst? :-) Mesopotamien ist das Zwei- bzw. Zwischenstromland zwischen den Flüssen Euphrat und Tigris, heutiger Irak. Die wahrscheinlich älteste Kulturlandschaft der Welt.

Nun ist man versucht zu sagen, die Bibel könnte von älteren Religionen abgekupfert haben. Aber nachdem die Bibel als eine verlässliche und penible geführte historische Aufzeichnung gilt, betrachten wir den Sachverhalt mal aus Sicht eines Wissenschaftlers: ist es dann nicht logisch, dass die biblische Sintflut-Geschichte keine Metapher, sondern ein tatsächliches Ereignis war, das von mehreren Kulturen unabhängig voneinander aufgezeichnet wurde und somit die Glaubwürdigkeit der Bibel nur noch mehr bestätigt?

Viel mehr Info darüber im Buch „Glauben? Wissen!" des WithJesus-Teams.

Die „Himmelfahrten" in der Bibel – und in den anderen Religionen

Wer den Beginn der Apostelgeschichte schon mal gelesen hat, weiß, dass dort der auferstandene Jesus in den Himmel emporgehoben wird. Zwei Engeln verkünden den verdutzten Jüngern, dass *„Dieser Jesus, der von euch weg gen Himmel aufgenommen wurde, wird so wiederkommen, wie ihr ihn habt gen Himmel fahren sehen."* Im Alten Testament der Juden fährt der Prophet Elias in einem feurigen Wagen in den Himmel und der Prophet Daniel erzählt, dass *„... viele, die unter der Erde schlafen liegen, werden aufwachen ... leuchten ... wie die Sterne immer und ewiglich!"*

Himmelfahrten gibt es auch in älteren Religionen. Im alten Ägypten glaubte man, dass die Pharaonen, die als Halbgötter galten, nach ihrem Tod in der Barke des Sonnengottes Re in die Unsterblichkeit fuhren – aber bitteschön erst nach der Einbalsamierung ihres Körpers zur Mumie.

Ein alte Ausdrucksform des Hinduismus ist der Vedismus – wer hier zu Lebzeiten ausreichend Opfer erbracht hat, glaubt, nach dem Tod in das „Land der Väter" gebracht zu werden.

Und haben Sie schon mal etwas gehört von den Zoroastrikern, den Anhängern der Lehre Zarathustras? Nein? Aber Sie kennen vielleicht einen, es war Freddy Mercury, der Sänger der Rockband „Queen". Auch im Zoroastrismus gibt es einen Schöpfergott, einen teuflischen Widersacher, Engeln – und einen Heiland, der irgendwann kommen und dauerhaften Frieden bringen soll.

Es gäbe noch viel mehr Beispiele für Ähnlichkeiten, aber was lässt die Bibel dann nicht in einen Topf mit unzähligen anderen Glaubensrichtungen fallen? **Worin besteht dann die Einmaligkeit der Bibel?**

1/4 Zunächst all ihre Prophetien: wissenschaftlich bewiesen, verblüffende Präzision, gelten heute noch. Das ist einmalig in der Geschichte der Menschheit, eines der unfassbarsten Wunder. Siehe ab Kapitel 2.2.

2/4 Die unzähligen geschichtlichen Aufzeichnungen, die den biblischen Inhalt bestätigen. Es sind die Manuskripte, aus denen die Bibel zusammengestellt wurde. Allein das Neue Testament hat 24.633 Manuskripte! Die Bibel ist somit das am besten dokumentierte Buch der Antike, siehe Beginn dieses Kapitels.

3/4 Der historisch gesehen knappe zeitliche Abstand zwischen den Geschehnissen und den ersten Handschriften: so beweist u.a. der **Papyrus 52** (s. Abb. unten) mit Texten der Evangelien, dass diese *spätestens* im Jahr 68 n. Chr.[17] fertigge-

---

17 Jaroš, Univ. Prof. Dr. Karl, in „Die Presse", 14.6.2021, Leserbriefe

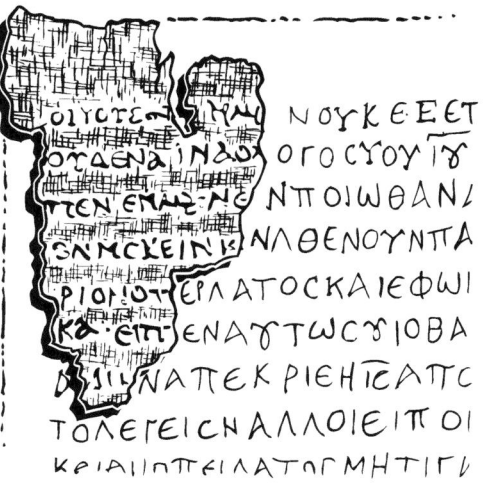

Illustration 10, Papyrus 52: Das Fragment ist beidseitig beschrieben und etwa 6 x 9 cm groß. Der Rest der Seite ist strichpunktiert angedeutet, die griechischen Zeichen darauf sind hier dünner geschrieben. Die Schrift deutet auf einen nicht professionellen Schreiber hin – umso bemerkenswerter ist die Tatsache, dass der Text bis in die heutige Zeit originalgetreu in der Bibel erhalten blieb. ℗©**WITH JESUS**®

61

schrieben waren – nur ca. 30 Jahre nach Jesus Tod! Die Wissenschaft kennt das Verfassungsdatum griechischer und lateinischer Berichte: die ältesten wurden erst ca. 750 bis 1.600 Jahre *nach* den Geschehnissen verfasst!

Die Bibel wird oft auf unseriöseste Weise in Frage gestellt, aber über die wesentlich weniger dokumentierten Schriften des klassischen Altertums wird wie selbstverständlich in den Schulen unterrichtet ...

4/4 Die mehr als 40 (!) Autorinnen und Autoren (ja, auch Frauen!) der Bibel konnten in drei Sprachen, verstreut über 3 Kontinente innerhalb von 1.500 Jahren eine einzige übereinstimmende Linie in ihren Texten beibehalten: geistlich (= spirituell), historisch, und prophezeiten letztendlich Jesus Christus, den Sohn Gottes, der dann auch kam. Welches Buch kann das alles noch von sich behaupten? Die Faktenlage ist eindeutig: Keines. Nur die Bibel.

Ein heißdiskutiertes Thema im Internet – aus Gründen der Diskretion nennen wir hier keine Namen: in einer anderen Religion hat ein angeblicher Prophet (aufgrund seines Analphabetismus' mit Hilfe von Freunden) ein lt. seiner Aussage „Heiliges Buch" geschrieben, und zwar hunderte Jahre *nach* Jesus. Darin behauptet er, dass die „Leute der Schrift" – seine Bezeichnung für Juden und Christen – die Bibel angeblich „verändert" haben. In Interviews mit dem WithJesus-Team konnte uns jedoch bis jetzt noch *niemand* erklären, *was* an der Bibel verändert worden sein soll bzw. wo und was stattdessen dort gestanden haben soll. „Angeblicher Prophet" übrigens deswegen, weil uns noch niemand eine verbindliche Prophetie von ihm zeigen konnte, wie sie zu tausenden in der Bibel über die Zukunft von Menschen, Städten, Völkern uvm. zu finden und nachweislich später wahrgeworden sind.

Viele Gläubige der oben genannten Religion glauben auch, dass der angebliche Prophet „in der Bibel angedeutet wird".

Hier die Widerlegung von Christen anhand dreier Bibel-Beispiele:

Beispiel 1/3: Abgesandte auf der Suche nach dem kommenden Heiland Jesus fragen Johannes, den Täufer, wer er sei – sie wollten wissen, ob er der Christus ist. Johannes, der Täufer, antwortet im Evangelium des

Johannes 1,19-23: *„Ich bin nicht der Christus, ich bin die Stimme dessen, der in der Wüste ruft: Ebnet dem Herrn den Weg!"*

Damit ist *nicht* der angebliche Prophet der anderen Religion gemeint, denn Johannes beruft sich hier auf eine der 300 Prophetien des Alten Testaments zum Kommen Jesu, hier vom Bibel-Propheten Jesaja, 40,3. Jesaja lebte 740 Jahre

vor Christus! Und liest man die Bibel wenige Zeilen weiter, verweist Johannes unmissverständlich auf Jesus als Gottes Sohn und Sein Erlösungswerk in **Johannes 1,29:** *„Am folgenden Tag sieht Johannes Jesus auf sich zukommen und spricht: Siehe, das Lamm Gottes, das die Sünde der Welt hinwegnimmt!"*
Das glauben die Gläubigen dieser anderen Religion nicht, denn für sie ist Jesus nicht Gottes Sohn (Nachweise *dafür* ab S. 14), deswegen glauben sie, dass „die Juden hier die Bibel verfälscht haben". Juden und Christen widerlegen das mit Schriftstücken, die die Unverändertheit der Bibel beweisen und hunderte Jahre *älter* sind als das Buch des angeblichen Propheten, siehe ab S. 58. So gibt es die Bibel seit ca 350 nach Christus in Form des Codex Sinaiticus, und da steht obige Stelle auch schon so, wie wir sie kennen – ca. 300 Jahre *vor* dem angeblichen Propheten der anderen Religion. Oder die Qumran-Schriftrollen, s. ab S. 25: auch die Rolle mit dem Buch des Propheten Jesaja entspricht dem heutigen Bibeltext und wurde 200 Jahre *vor* Jesus geschrieben – also ca. 820 Jahre *vor* dem angeblichen Propheten der anderen Religion.
Vorwurf der Verfälschung widerlegt – Unverändertheit der Bibel bestätigt!

Beispiel 2/3, ACHTUNG: Jesus kündigt im Neuen Testament seinen Gläubigen den Heiligen Geist an, und zwar in
Johannes 14,16f: *„Ich will den Vater bitten, und er wird euch einen anderen Beistand geben, dass er bei euch bleibt in Ewigkeit, den **Geist der Wahrheit** ... "*
Gläubige der anderen Religion sagten uns in Interviews, ihr angeblicher Prophet sei damit gemeint. Denn dieser behauptet in seinem Buch: „Jesus, der Sohn der Maria, sagte: 'O ihr Kinder Israels, wahrlich, ich bin ein Gesandter [des Gottes der anderen Religion], der die Thora [= die ersten 5 Bücher Mose der Bibel] bestätigt, welche ihr bereits von mir erhieltet, und ich bringe frohe Botschaft über einen Gesandten, der nach mir kommen und dessen Name Achmed sein wird". **Die Widerlegung anhand biblischer Fakten:**
• Das Neue Testament ist in griechisch – der angebliche Prophet kannte es.
• Achmed ist eine Variation des Namens des angeblichen Propheten und heißt 'der Gepriesene', griech. *„perikletos"*. In den griechischen Ur-Texten der Bibel steht aber *„parakletos"* (Sie sehen den Unterschied im „e" und „a"), **das ist der griechische Begriff für „Geist (!) der Wahrheit"**, den uns Jesus persönlich in oben genannter Bibelstelle von Johannes 14,16f ankündigt.

Diese Bibelstelle beschreibt definitiv den Heiligen Geist und *nicht* den angeblichen Propheten, Lesetipp Apostelgeschichte Kap. 1&2 – eine super-spannende Story! **Unverändertheit der Bibel bestätigt!**

Beispiel 3/3: Bitte lesen wir nochmal **Johannes 14,16:** *„Ich werde den Vater bitten, und er wird euch einen anderen Helfer (Beistand) geben, damit er **bis in Ewigkeit bei euch** sei.“*

Bis in *Ewigkeit?* Damit meint die Bibel wiederum nur den Heiligen Geist und *nicht* den angeblichen Propheten, denn dieser hat uns aufgrund seines Todes verlassen. *Alle* **Menschen, die behaupten, dass „die Bibel verfälscht wurde“, müssten für ihre Glaubwürdigkeit ein** *nachweislich* **älteres** *und* **originales Exemplar bringen. Das wäre der einzige Beweis für eine verfälschte Bibel.** Vorwurf der Verfälschung widerlegt – Unverändertheit der Bibel bestätigt!

Ein Doktor der Theologie der anderen Religion, der nach dem Studium der Bibel später Christ wurde, sorgte mit Zitaten wie dem folgenden für Aufruhr in der Welt der besagten anderen Religion: „Diese Prophezeihungen haben ihre Erfüllung unabhängig von [dem angeblichen Propheten] gefunden. Dies ist ein weiterer Hinweis auf die mangelnde Überzeugungskraft der Lehre [der anderen Religion] von der Verfälschung der Heiligen Schrift.“

Und die anderen Religionen aus Sicht der Bibel? Es entsteht der Eindruck, dass fast jeder Mensch eine Art von Ahnung hat, dass es Gott gibt. Aus Ahnung entspringt Suche, aus den vermeintlichen Ergebnissen dieser Suche entstanden unserer absoluten Überzeugung nach die verschiedenen Religionen. S. Kap 4.0. **Offenbart hat sich Gott aber nur durch die Juden und die Bibel,** das einzige „Heilige Buch“, das einen übernatürlichen, lebendigen Gott beweist, s. S. 13. Christen werden oft wegen ihres „Ausschließlichkeitsgedankens“, dass also nur das Christentum die Wahrheit ist, verurteilt und als intolerant bezeichnet. Aber ... was sollen Christen sonst anderes tun, bei *den* Beweisen und Fakten?

Dennoch betrachten echte Christen Andersgläubige als gleichberechtigt, respektieren andere Glaubensrichtungen und diskriminieren niemand aufgrund seines anderen Glaubens. Die Bibel verpflichtet uns dazu.

Mehr über archäologische und historische Beweise des biblischen Inhalts finden Sie im Buch „Glauben? Wissen!“ des WithJesus-Teams.

Liebe Leserin, lieber Leser, auch, wenn Sie nicht Christ sind, segnen wir Sie, beten für Ihre Gesundheit und für ein erfülltes, glückliches Leben – mögen auch Sie bald mit Jesus die wunderschönsten Abenteuer oder persönliche Hilfe für Ihr Leben erleben, von denen Sie nicht zu hoffen wagen.

2.8 Weitere Nachweise: Nahtoderlebnisse — wir sind auch Seele & Geist!

Sind Nahtoderlebnisse Einbildung oder können sie nachgewisesen werden? Spielt das Gehirn und die Hormone Sterbenden einen Streich? Sind sie Trugbilder verzweifelter Menschen, Kranker und Hinterbliebender? Viele Menschen, die kurz vor dem Tod standen oder aufgrund Krankheit oder Unfall klinisch tot waren, haben Nahtod-Erlebnisse. Das deutsche „Netzwerk-Nahtoderfahrung" berichtet, dass alleine in Deutschland vier Millionen Menschen Nahtod-Erfahrungen gehabt haben sollen.[18] Es wäre zu leicht, diese Erfahrungen mit Sauerstoffmangel, Adrenalin-Ausschüttung oder psychischen Ausnahmereaktionen zu erklären. Denn signifikant viele Erlebnisse beinhalten nachweisbare Übereinstimmungen und beweisbare Phänomene:

Warum haben so viele Menschen *aller* Religionen, die nahe dem Tode waren, dieselbe Vision, durch einen Tunnel ins Licht zu schweben oder sehen sich sich oft von ihrem Körper losgelöst „von oben" am Krankenbett liegen? Und können, obwohl körperlich bewusstlos, sich nach ihrer Wiederbelebung an Tätigkeiten der behandelnden Ärzte erinnern, wer im Zimmer, oft auch *im Nebenzimmer* war! Und das sollen sogar Menschen erlebt haben, die seit Geburt an blind waren! Kinder mit Nahtoderfahrungen wollen schon Engeln gesehen haben — und fragen nach ihrer Genesung die Eltern, warum die Engeln keine Flügeln hatten (Wenn Sie die Quantenphysik-Kapiteln gelesen haben, werden Sie wissen, wie Engeln ohne Flügeln fliegen können :-)). In der Bibel ist ja auch nie davon die Rede, dass Engeln Flügeln hatten.

In Nahtod-Erlebnissen sollen Menschen schon Verwandten begegnet sein und konnten sich nicht erklären, was diese „auf der anderen Seite" taten. Nach ihrer „Rückkehr" ins Leben versuchten sie, diese Verwandten zu kontaktieren, aber diese waren tatsächlich verstorben! **Kinder berichteten nach Nahtod-Erlebnissen ihren Eltern, dass sie im Himmel einen Bruder bzw. eine Schwester gesehen hätten** — und die erstaunten Eltern mussten gestehen, dass sie ihnen von ihren verstorbenen Geschwistern noch nicht erzählt hatten ...

Ein genialer Versuch: Das WithJesus-Team kennt Chirurgen, die schon öfters von Patienten Nahtoderlebnisse gehört hatten. Da kam ihnen eine interessante Idee: sie schrieben eine gut lesbare Botschaft auf ein Blatt Papier — und befestigten dieses an der von unten nicht sichtbaren Oberseite der großen Lampe des OP-Saales. Sollte sich ein Patient nach einer OP und klinischem Tod an die

---

18 https://netzwerk-nahtoderfahrung.org/, abger. am 9.7.2018

Botschaft erinnern können, wäre der absolute Beweis erbracht! Viele Nahtod-Schilderungen könnten natürlich – theoretisch – erfundene Geschichten sein. **Das WithJesus-Team sammelt und archiviert jedoch *ausschließlich* Nahtod-Erlebnisse glaubwürdiger Menschen, die diese dem WithJesus-Team *persönlich* erzählten! Hier sieben Beispiele:**

1/7) Der Vater einer WithJesus-Mitarbeiterin war nie gläubig und lehnte den Inhalt der Bibel ab. Kurz bevor er starb, berichtete er, dass er im Spital plötzlich sein Bett an der Zimmerdecke und sich selbst im Bett liegend sah. Bis er nach einer Schrecksekunde realisierte, dass *er* an der Zimmerdecke war und seinen Körper *von oben* im Bett *unten* sah! D.h., er hatte angenommen, noch immer in seinem Bett zu liegen und hatte keine Schwerkraft gespürt. Sogar er, der nie an Übernatürliches glaubte, hatte erlebt, dass er sich für kurze Zeit wirklich von seinem Körper losgelöst hatte.

2/7) Immer wieder wird berichtet, dass Menschen kurz vor ihrem Ableben einen völlig strahlenden Blick „ins Nichts" bekommen, mit einem entrückten Lächeln voller Glückseligkeit, und immer wieder sagen sie mit letzter Kraft Dinge wie „Ich kann die Engeln sehen" oder „oh wie schön, wie schön!" So kannte ein anderes WithJesus-Mitglied einen älteren, schwerkranken Mann, der nicht gläubig war und nach einem schweren Leben nur mehr resigniert im Bett eines Hospizes lag. Seit Jahren hatte er nicht mehr gelacht. Einige Stunden vor seinem Tod hatte er Besuch von seiner Schwester, als er sich plötzlich aufsetzte, mit leuchtendem Gesicht völlig verzückt in eine Richtung starrte, wo niemand stand und die Hand ausstreckte, als ob er sie jemandem zum Gruß reichen wollte! Wohl eine Minute saß er so da. Kurze Zeit später verstarb er. Seine Schwester hatte ihn seit Jahren nicht mehr so glücklich gesehen ...

3/7) Auch der Großmutter einer WithJesus-Mitarbeiterin passierte Ähnliches: obwohl sie immer versicherte, „die Bibel nicht lesen und deren Inhalt nicht glauben zu können", lag sie kurz vor ihrem Tod schwerkrank in der Nacht im Bett, die Augen zu, die Arme stundenlang nach oben gestreckt und mit den Fingern wackelnd, als ob sie nach etwas greifen wollte. Am nächsten Morgen erzählte sie ganz verwundert mit schwacher Stimme: „Ich sah eine weiße, leuchtende Gestalt ober mir schweben und mit einem leuchtenden Stern auf der Stirne, die hat mir die ganze Zeit die Hände gehalten und mich getröstet!" Wer würde hier nicht an einen Engel denken, der die betagte Dame vielleicht durch ihre letzten Stunden und dann zu Gott begleiten wollte?

4/7) Ein *wissenschaftlicher* Beweis für ein Leben nach dem Tode?
Im Jahr 2008 erkrankte der Neurochirurg und Dozent der Universität Harvard, Dr. Eben Alexander, an einer bakteriellen Hirnhautentzündung und fiel sieben Tage ins Koma. In seinem Buch „Blick in die Ewigkeit" (Orig. „Proof of Heaven", 2012) beschreibt er, wie er im Koma verschiedene Dimensionen erlebt, fliegende Wesen sieht, die „nicht anders können, als vor Freude zu singen" und dass es ihm schwer fällt, Worte für sein jenseitiges Erlebnis zu finden: wie wenn ein Schimpanse für einen Tag ein Wissenschaftler für höhere Mathematik wird – und nach seiner Rückkehr in die Affendimension versucht, in Affensprache seine Erlebnisse den anderen Schimpansen zu schildern.
Das Besondere an diesem zwar nicht ganz unumstrittenen Buch ist sein Anhang: dort erklärt Dr. Alexander systematisch, medizinisch und verständlich, dass sein Gehirn durch die Entzündung komplett ausgeschalten und seine Erinnerungen *kein* letztes Aufflackern der Hirnfunktionen gewesen sein können.

5/7) Ein Beispiel für ein außerkörperliches Nahtod-Erlebnis?
Ein bester Freund eines WithJesus-Mitarbeiters erzählte, dass er als Sanitäter zu einem furchtbaren Autounfall kam. Ein schwerstverletztes älteres Ehepaar musste schnell aus dem völlig zertrümmerten Fahrzeug geborgen werden, der Mann war im Koma. Wenige Wochen später traf der Helfer den älteren Mann im Spital, der ihn schmunzelnd begrüßte: „Ich kenne sie, sie waren doch bei dem Unfall dabei, oder?" Unser Freund war komplett perplex: wie konnte der Mann ihn erkennen, obwohl er damals bewusstlos und nahe dem Tod war?

6/7) Oft berichtet, aber diesmal vom Nahtod-Patienten einem WithJesus-Teammitglied *persönlich* erzählt: ein etwa 40jähriger Mann erlitt im jungen Alter von etwa 40 Jahren in einem Lokal einen Herzinfarkt, wurde bewusstlos und sah im Jenseits seine verstorbenen Familienmitglieder, die ihm sagten: „Deine Zeit ist noch nicht gekommen, Du musst zurück!" Der Mann überlebte tatsächlich – und wurde aufgrund dieses Erlebnisses danach Christ.

7/7) ACHTUNG – ein Beweis für das Leben nach dem Tod: Es gibt viele Bücher über Wunder nur durch Gebete zu Jesus, Heilung unheilbar Kranker, sogar Tote wurden angeblich wieder lebendig. **Das WithJesus-Team ist mit solchen Berichten sehr vorsichtig – manche sind wahr, aber uns sind auch Fälschungen bekannt.**
Die folgende Geschichte ist jedoch aus dem unmittelbaren Freundeskreis der WithJesus-Mitarbeiter!

Raphaela, zweifache Mutter, lag abends im Bett und las ein (seriöses) Buch über einen Buben, der nach einem Blinddarmdurchbruch klinisch tot war, von den Ärzten aufgegeben. Aber seine Eltern begannen verzweifelt zu Jesus beten! Ihr kleiner Sohn wachte wieder auf und wurde gesund. Raphaela begann vor Rührung über das Buch zu weinen, als ihre achtjährige Tochter ins Zimmer kam und nach dem Grund der Tränen fragte. Raphaela erzählte ihr vom Inhalt des Buches und was der Bub erlebte: dass er die Eltern im Nebenzimmer beten sah, dass er von Engeln in den Himmel getragen wurde, dass er dort eine vor ihm verstorbene Schwester sah, von der ihm die Eltern nie erzählt hatten, dass er Gott sah, als ein gigantisches Licht voller Liebe und dass Gott ihm sagte, dass er noch nicht hierbleiben konnte.

Da antwortete die Tochter: „So etwas habe ich auch erlebt, aber da war ich noch ein ganz kleines Baby. Ich weiß nicht, ob ich das geträumt habe, das ist lange her, aber mich haben auch Engeln in den Himmel getragen!"

Raphaela war erschüttert, aber die Tochter erzählte weitere Einzelheiten, die *genau so* im Buch über den Buben standen, das sie nie gelesen und von dessen Inhalt sie noch nie gehört hatte: über eine große gold leuchtende Treppe mit einer unüberschaubar großen Zahl an Engeln, über viele überglückliche Menschen. Da gestand ihr die Mutter: „Das hast Du nicht geträumt. Du hattest nach der Geburt einen Herzstillstand – Du wurdest von den Ärzten für tot erklärt! Ich wollte Dir das erst zu Deinem 20. Geburtstag erzählen." und stellte der Tochter aufgebracht die größte Frage: „Hast Du auch Gott gesehen?" Und die Tochter antwortete: „Ja!" und beschrieb Gott als lebendige Quelle von unfassbarem, nie gesehenen Licht und Farben, überirdischer Musik und unendlicher Liebe! Kurz danach malte sie in der Schule ein Bild, wie sie sich den Himmel vorstellte: gelbe Strahlen warmen Lichts und alles voller Herzen und Noten ...

Sehr geehrte Damen und Herren, ist diese Geschichte nicht ein Beweis für die Existenz des Himmels von einem *gänzlich unbeeinflussten,* weil damals neugeborenen Kind? Die Eltern wussten damals nichts von einer goldene Treppe oder all den anderen Details, hatten mit ihrer Tochter davor weder über das Buch noch über den reanimierten Buben gesprochen. Auch nie mit jemanden, der eine Nahtoderfahrung hatte. Wenn man hier noch von „Nah"-Tod sprechen kann. Und solche Geschichten sammelt das WithJesus-Team.

Hat die Seele ein Gewicht? Seit 1907 stellen Forscher im Moment des klinischen Todes von Menschen (sogar Tieren) einen unerklärlichen Gewichtsverlust von bis zu 69 Gramm fest, nachdem sie Sterbende in ihren Betten mit

Präzisionswaagen verbunden hatten. Auch, wenn die Psychostasie (so der Fachausdruck) lt. Forscher Len Fisher[19] noch „keine befriedigende Erklärung" gefunden hat: Dank Albert Einstein wissen wir, dass Energie auch Masse hat, und der Gewichtsunterschied der Sterbenden wurde eindeutig gemessen – könnte es tatsächlich die Seele gewesen sein, die den sterbenden Körper verließ?

WICHTIG – eine „unmodische" Feststellung des WithJesus-Teams: nachdem Menschen aller Religionen auffallend ähnliche Nahtod-Erlebnisse haben, könnte man sagen, dass „jede Religion zu Gott führt". Aber das ist nicht fertig gedacht, es ergibt sich noch eine zielführendere *und* logischere Feststellung:

Weil sich Nahtod-Erlebnisse von Gläubigen aller Religionen so signifikant ähneln, es ist möglich, dass es *nur eine „wahre Religion"* geben kann, deren „Tatsächlichkeit" jeder Mensch spätestens nach seinem Tod persönlich erfahren und erleben wird.
Fest steht: es muss „etwas" bzw. „mehr" geben. Da sind mehr als genug Indizien, die die Wissenschaft nicht erklären kann. **Die Bibel kann es erklären.**

So spüren Sie, dass Sie Seele & Geist haben ©
Dieses Experiment ist geistiges Eigentum
des WithJesus-Teams

Bitte schließen Sie mal kurz die Augen und stellen Sie sich ... sagen wir, einen Hund vor. Sie sehen jetzt den Hund – aber nicht mit ihren „fleischlichen" Augen. Sie haben also im Gehirn eine **„Projektions-Fläche"**, aber auch eine **„Beobachtungs-Position"**. Manche sagen dazu auch „Kopf-Kino" (Siehe Abb. Nr. 10 nächste Seite). Die Projektions-Fläche ist ja noch irgendwie erklärbar: Lichtstrahlen haben ein Abbild eines Objektes auf ihre Netzhaut geworfen, der Seh-Nerv hat das Bild ins Gehirn transportiert und dort wurde es abgespeichert. Aber wie sieht's mit der „Beobachtungs-Position" aus? Welche Abteilung Ihres Gehirns „sieht" diese Vorstellung in Ihrem Gehirn? Wie können *Sie sehen*, was *in Ihnen* gespeichert ist? Wieso kann ihr „Ich" unabhängig von ihrem Körper „sehen"? **Huch ... das wird doch nicht Ihre Seele sein?**
Oder ist dieses Phänomen medizinisch-physisch erklärbar? **Also interviewten die WithJesus-Autoren dieser Zeilen eine Frau Doktor der Psychiaterie.** Diese erklärt: „In der Magnetresonanztherapie kann man sehen, *was* sich ein Mensch in Gedanken *vorstellt*: z.B. etwas Visuelles oder etwas Akustisches.

19 Fisher, Len, "Der Versuch, die Seele zu wiegen, und andere Sternstunden ...", S. 29–35

Auch, wenn ein Mensch im Moment nichts sieht oder hört, ist die für Visuelles oder Akustisches zuständige Region im Gehirn sichtbar aktiv. Die ‚Beobachtungs-Position' aber kann man bestenfalls nur psychisch erklären – sie ist abhängig vom Alter eines Menschen. Ein Baby kann sich z.B. nicht selbst reflektieren, erst im Laufe des Säuglingsalters über die Mutter. Später nimmt die Fähigkeit der Selbst-Wahrnehmung zu. Die ‚Beobachtungs-Position' ist jedoch physisch-medizinisch nicht erklärbar! **Wir können daraus nur schließen, dass der Mensch eine Einheit von Körper, Geist und Seele ist."**
Hey Leute, das sagt eine Ärztin für Psychatrie! Und das sagt auch die Bibel ...

Damit stellt sich die Frage: Wo im Menschen sitzt „das Ich", das diese Projektionen oder Erinnerungen betrachten, riechen, hören etc. kann? Irgendwo *muss* der Körper tatsächlich mit einer Seele verbunden sein. **Offensichtlich ist der Mensch ein vieldimensionales Wesen, das nicht nur alleine aus seinem Körper besteht.** Und kein Hirnforscher kann Ihnen diese Fakten komplett erklären. **Menschen sind nicht nur „Fleisch" – sogar Mediziner sagen: der Mensch ist eine Einheit aus Körper, Seele und Geist! Das sagt auch die Bibel.** Die altgriechische Kultur sieht den Mensch eher „binär", mit „niederem und vergänglichem" Körper und einer „erhabenen und ewigen" Seele. Die Bibel sagt ganzheitlicher, der Mensch „ist" Körper, „ist" eine Seele und „ist" ein Geist. Der Geist ist der Lebensfunke Gottes, der Lebendiges von t
Die Seele ist der Sitz der Bedürfnisse, heißt hebräisch „näfäsch", d.h. „Kehle" im Sinne von „Durst" = Bedürfnis. Kennt man Gott nicht, „verstopft" man als

Illustration 10: *Dass man sich „an etwas erinnern bzw vorstellen kann", z.B. an einen Hund, erscheint den meisten Menschen als selbstverständlich.*
*Aber versuchen Sie, sich das Wunder bewusst zu machen, dass Sie Ihre Erinnerungen oder Vorstellungen im Kopf **betrachten** (!) können – wie auf einer Kinoleinwand: Kopfkino!*
Das ist unfassbar und mit „nur einem Körper" nicht erklärbar. Das ist nur möglich, weil der Mensch auch Seele und Geist, also „feinstoffliche Materie" ist. Und diese lebt lt. Bibel ewig.

Ersatz die Seele mit irdischen Bedürfnissen, von deren Ballast man sich aber mit dem Glauben an Jesus und dem damit verbundenen ewigen Leben befreien kann. Das heißt nicht, dass man willenlos sein soll – Christen dürfen sich auch über ein funktionierendes Auto, einen schönen Urlaub und an erfüllter Liebe mit dem Ehepartner erfreuen (Ja ja, auch *das* – Sie verstehen :-)). Im Falle des Todes stirbt der Körper, aber Geist und Seele gehen zu Gott, sagte sogar Jesus, kurz bevor Er am Kreuz starb, in

Lukas 23,46: *„Vater, in deine Hände übergebe ich meinen Geist!"*

Noch öfter als „Seele" und „Geist" erwähnt die Bibel aber das „Herz"!
Hes 36,26: *„Und ich will euch ein neues Herz geben und einen neuen Geist in euer Inneres legen!"* sagt Gott *persönlich zu uns!*
Die Bibel sagt: Menschen „haben" nicht Seele oder Geist, sondern *„sind"* Seele und Geist! So „ist" Gott ebenfalls Geist: der Heilige Geist. Auch hier nicht als Bestandteil, sondern im Sinne, dass Gott uns „in Seiner Funktion" als Heiliger Geist z.B. inspirieren, heilen, auferbauen u.v.m. kann.

Manche behaupten, Menschen seien biochemische Mechanismen, ähnlich einer Autobatterie: die Funktion biomechanischer Kleinkraftwerke ist vergleichbar mit dem bekannten Versuch, **Erdäpfeln** (= Kartoffeln, siehe Illustration unten) der Reihe nach mit Kabeln zu verbinden, um damit eine Glühbirne zum Leuchten zu bringen – das funktioniert wirklich.
Aber wird sich ein solcher Mechanismus, nur vielfach komplexer wie ein Mensch,

Illustration 11:
Verschiedene Metalle, Basen und Säuren in den Erdäpfeln liefern die Energie, die eine kleine Lampe zum leuchten bringen. Aber selbst wenn man theoretisch diesen Mechanismus zu einem Quantencomputer vergrößert, kann daraus ein Individuum mit Ich-Bewusstsein werden? Kaum. Menschen sind mehr als Bio-Mechanismen!

©WITH JESUS®

71

ohne Impuls von außen, wie ein Mensch jemals vermehren, Opern komponieren oder die Lichtgeschwindigkeit errechnen können? Höchstwahrscheinlich nicht. Nur weil ein biomechanischer Apparat komplexer wird, wird sich in ihm kaum „automatisch" eine Seele und ein „Ich-Bewusstsein" bilden. Wird dieser „Apparat" nicht nur *re*-agieren, sondern auch *a*-gieren, kreativ, verspielt, sich selbst erkennen, künstlerisch aktiv oder gar selbstlos wie Jesus sein können? Wohl kaum ...

Wir sind keine Bioroboter nach Art des Monsters aus dem berühmten Film „Frankenstein". Gott legte Seine Eigenschaften in uns:
1. Mose Kap. 1, Vers 27: *„So schuf Gott den Menschen als sein Ebenbild, als Mann und Frau schuf er sie."*

Den Zellen des menschlichen Körpers wurde irgendwann eine Art Ablaufdatum „einprogrammiert". Bei jeder Zellteilung verkürzt sich die die Chromosomen-DNA an ihrem Ende geringfügig, nach 40 Teilungen ist bei den meisten Zellen Schluss. Nachdem Adam 930 Jahre alt wurde, Metuschelach (besser bekannt als „Methusalem") sogar 969 lebte, dessen Sohn Lamech bedauernswerterweise vergleichsweise jung mit nur 777 Jahren starb, begrenzte Gott das Alter der Menschen auf 120. Da ächzen die Pensionskassen dieser Welt! :-) Laut neuesten Erkenntnissen der Wissenschaft kann ein Mensch ca. 120 Jahre alt werden – die Wissenschaft bestätigt damit ein Bibelzitat im
1. Buch Mose 6,3: *„Da sprach der HERR: Mein Geist soll nicht ewig im Menschen bleiben, da er ja auch Fleisch ist. Seine Tage sollen 120 Jahre betragen."*
Der *nachweisbar* älteste Mensch war die 1997 verstorbene Französin Jeanne Calments – sie wurde 122 Jahre alt![20]
Erstaunlich, wie die Bibel moderne Erkenntnisse der Wissenschaft immer wieder vorwegnimmt ...

2.9 Was ist die Bibel?
Der Eingang zum größten Abenteuer!

Die Bibel ist die „Betriebsanleitung" der Christenheit, für Christen ist sie „**normativ**", also Gottes Wort und Wahrheit. „Wahrheit" ... ein inflatiös gerne genommener und umstrittener Begriff der Religionen unserer Welt. Und noch lieber strapaziert von deren Kritikern – als Projektionsfläche ihrer Emotionen?

---

20 n-tv Online, „Lebenserwartungen", https://www.n-tv.de/mediathek/bilderserien/wissen/Lebenserwartungen-article7263516.html, 11.8.2016, abger. am 21.3.2018

Aber im Gegensatz zu allen (und zwar wirklich allen) anderen mehr oder weniger „Heiligen Büchern" kann die Bibel ihre übernatürliche Herkunft wissenschaftlich beweisen. Siehe ab Kapitel 2.2

Sollten Sie, liebe Leserin, lieber Leser, erst hier in das Buch eingestiegen sein und wie viele Menschen denken, dass der Inhalt der Bibel verändert wurde: **Der Inhalt der Bibel wurde nie umgeschrieben, sondern blieb immer gleich.** Das lässt sich an viele hunderte, eigentlich tausende Jahre alten archäologischen Funden biblischer Niederschriften nachweisen, z.B. den Qumranrollen, vieler Papyrusfunde. Siehe Kapiteln 2.5 und 2.7.

Woher stammt überhaupt der Ausdruck „Bibel"? Von der phönizischen Hafenstadt Byblos, aus der im 9. Jhdt. v. Chr. Griechen aus Kanaan die Buchstaben unseres Alphabets übernahmen.
Byblos wiederum bedeutet „Papyrusstaude" oder „Papyrusbast": die Stadt war in der Antike ein Hauptumschlagplatz für Bast, dem Rohstoff zur Herstellung von Papierrollen, auf denen im Laufe der Zeit die Bibel aufgeschrieben wurde.

Ein paar (fast :-)) unbekannte Fakten über die Bibel:
Die Bibel ist das meistgedruckte, am häufigsten übersetzte und am weitesten verbreitete Buch der Welt.
Komplett wurde die Bibel in 475 Sprachen und zum Teil in 2538 Sprachen übersetzt! Fünf Milliarden Exemplare wurden von der Bibel bis jetzt verkauft. Zur Zeit werden jedes Jahr weitere 100 Millionen Exemplare produziert.

Aber einer der unbekanntesten Fakten ist: die Bibel wurde komplett von Juden geschrieben. Und das bestätigt auf skurrile Weise den Wahrheitsgehalt der Bibel. Denn obwohl die Juden darin das „Volk Gottes" sind – haben sich die Juden mit der Bibel ein Denkmal gesetzt oder sich mit dem Inhalt einen Vorteil verschafft? Nein! Denn mit verblüffender Ehrlichkeit beschreiben sie darin ihr Versagen, ihren Abfall von Gott und die daraus entstehenden Konsequenzen, bis hin zu dramatischen Prognosen für zukünftige Geschehnisse. **Die Bibel gehört somit zu den ehrlichsten Büchern der Welt.**

Und diese unfassbare Ankündigung über die Juden stammt von Jesus selbst: **Johannes 4,21:** *„Jesus spricht ... wir wissen aber, was wir anbeten; denn das Heil* (sinngemäß „die Rettung", Anm.) *kommt von den Juden".*

Es gibt zwei große Religionen, die an den Inhalt der Bibel glauben: Juden und Christen. Die Moslems glauben an die Bibel nur bedingt, da sie meinen, sie sei von „den Leuten der Schrift" = Juden und Christen verfälscht, sagen aber nicht, wo, und was dort gestanden haben soll. Das ist für die meisten Christen nicht nachvollziehbar. Info und viel zu wenig bekannte Fakten dazu in Kapitel 2.7.

Juden, Christen und Moslems bezeichnet man als die „abrahamitischen Religionen", das sie sich alle drei auf den Stammvater Abraham berufen.
Die Bibel ist ein chronologisch und thematisch geordnete Sammlung an Berichten („Bücher"*, Evangelien, Briefe, gleich mehr darüber), deren Inhalt über fast 3000 Jahre lang zusammengetragen wurde. Diese Zusammenstellung nennt man „Kanon", das ist lateinisch und heißt etwa „Richtmaß" oder Richtschnur". Mit dem Ausdruck *„Bücher der Bibel" werden die verschiedenen Kapiteln der Bibel bezeichnet, z.B. „Das Buch Jesaja" über den Propheten Jesaja.
Die Bibel kann man zunächst in zwei große Bereiche unterteilen:

• Das **Alte Testament** (künftig „AT" abgekürzt) erzählt über die Zeit *vor* dem Leben Jesu Christi. Es wurde fast ganz auf Hebräisch, zu kleinen Teilen auf Aramäisch verfasst, aber nicht im hebräischen, sondern im damals mehr respektierten altphönizischen Alphabet geschrieben.
In einer faszinierenden Dynamik war der Kanonisierungsprozess für den ersten Teil des AT, die fünf Bücher Mose, schon 400 v. Christus, für den Rest des AT ca. 200 v. Christus abgeschlossen.
• Das **Neue Testament** (künftig „NT" abgekürzt) erzählt über die Zeit ab der Geburt Jesu Christi.
Es wurde in griechischer Umgangssprache niedergeschrieben. Im AT und NT gibt es jedoch kurze Teile, die in Aramäisch geschrieben sind, der Muttersprache Jesu. Aus dem Aramäischen entstand die sogenannte „**Quadratschrift**", bei der jeder Buchstabe in ein Quadrat gleicher Größe passte – es sind die bekannten und noch heute gültigen hebräischen Schriftzeichen!

Die fertige Kanonisierung des NT wurde spätestens 367 n. Christus durch den Bischof **Athanasius von Alexandria** in dessen 39. Osterfestbrief bestätigt. Er führt die 27 Bücher des NT an, die bis heute von allen christlichen Kirchen anerkennt werden. Auch **Papst Gelasius I.** (492–496) bestätigt in seinem „Dekretum Gelasianum" den fertigen Inhalt und führt zusätzliche Schriften an, die „**Apokryphen**" (gleich mehr darüber).

74

Vereinfacht gesagt, glauben die Juden nur an das AT, da sie Jesus weder als Gottes Sohn noch als Messias annehmen. Sie glauben, dass der Messias erst kommen wird. Das Neue Testament ist für Christen die frohe Botschaft Gottes und Seines Sohnes Jesus, für das jüdische Volk jedoch „nicht gültig". Wissenschaftlich und logisch betrachtet, wird jedoch der Inhalt des NT durch die zahlreichen Prophetien und Ankündigungen im AT bestätigt.

Achtung: Die Bibel der Juden und das Alte Testament der verschiedenen christlichen Denominationen (katholisch, evangelisch, orthodox etc.) sind im Prinzip gleich, nur die Reihenfolge des Inhalts variiert ein wenig.

Die Apokryphen: manche Kirchen (orthodoxe, katholische, slawische etc.) führen in ihren Bibeln auch ein paar zusätzliche, „ergänzende" Bücher und Schriften. Die Juden und die evangelische Kirche führen diese Schriften *nicht*. Diese ergänzenden Bücher werden von den Juden oder denjenigen christlichen Denominationen, die diese Bücher *nicht* in ihre Bibeln integriert haben, als „apokryph" bezeichnet. Das kommt von altgr. „apokryphos" = „verborgen". Allgemein nennt man diese Bücher auch „Die Apokryphen".

Wichtig nun für Verschwörungs-Freunde: die Apokryphen beinhalten *nicht* Geheimnisse oder Verborgenes, was uns Geheimbünde, Freimaurer, Illuminaten und Vatikan (Quatsch, natürlich nicht, Ironie Ende :-)) angeblich vorenthalten wollen. Die Apokryphen sind auch nicht in geheimen Verliesen des Vatikan versteckt, sondern manchmal bereits in der Sonderangebots-Wühlkiste gutsortierter Buch-Supermärkte für alle Menschen legal erwerbbar.

Hier eine Story zur übernatürlichen Kraft der Bibel: Vor ein paar Jahren lag ein WithJesus-Mitarbeiter am zeitigen Sonntag Morgen noch im Bett – neben ihm seine schlafende Frau – und beschloss, ab diesem Tag seinen Bibel-Leserhythmus zu ändern: er dachte „ab jetzt lese ich, damit jeder Tag und jede Nacht mit dem Wort Gottes versiegelt sind, jeden Morgen, gleich nach dem Erwachen und jeden Abend, möglichst kurz vor dem Einschlafen, die Bibel!" Aber *in dem Moment*, als er das Wort Bibel *dachte*, sagte seine Frau laut und deutlich *im Schlaf* (!) das Wort „Bibel!" Unser Mitarbeiter dachte zuerst, die Frau wolle ihn necken – aber sie hätte nicht mal wissen können, was er dachte, wenn sie wach gewesen wäre, und schlief weiter. Das war ein Gruß *und* eine Bestätigung vom Himmel!

Viel mehr Info dazu im Buch „Glauben? Wissen!" des WithJesus-Teams.

3.0 Christentum ist keine Sekte, nicht „esoterisch" keine „Religion" und keine „Philosophie", sondern ...

... Christentum ist praktizierte Nächstenliebe, verbindliche Verantwortungs-Übernahme für Vergebung und Hilfe. Christentum ist Wieder-Kontaktaufnahme der Menschen mit Gott durch Seinen Sohn Jesus.
Ja, das funktioniert.   Nein, wir nehmen keine Drogen.   :-)

Was bedeuten die inflationären Begriffe „Esoterik", „Religion" etc. überhaupt?

Esoterik und Okkultismus werden immer gesellschaftsfähiger: vernünftig wirkende Menschen gestalten plötzlich ihr Leben nach astrologischen Gesichtspunkten, Geschäftsführer befragen Hellseher, scheinbar bodenständige Personen rücken ihre Inneneinrichtung nach den Entscheidungen von Ruten- und Pendelgehern zurecht und landen mit dem Ehebett im Einbauschrank, damit ihnen „negative Schwingungen" nicht Schlaf oder Gesundheit rauben. Gebildete Menschen besuchen Seminare, um aus ihrem Körper zu reisen ... ob in diesen Seminaren auch gelernt wird, wie man in die Körper zurückfindet? :-) **Das Schlimme ist, dass Esoterik und Okkultismus die Botschaft von Jesus verwässern,** indem sie diese als „nur eine von vielen Blickwinkeln", als „nur einen Weg auf der Suche nach der Erleuchtung" abtun wollen – das entspricht nicht den Fakten. Denn die meisten Menschen wissen nicht, dass die Bibel das einzige Buch ist, dass sich selbst auf übernatürliche Art und Weise beweist. Siehe ab Kapitel 2.0, sollten Sie's noch nicht gelesen haben.

Es ist nicht Intoleranz, warum nicht nur wir Christen vom WithJesus-Team „exotischen" Glaubensrichtungen, Esoterik, Okkultismus und den immer mehr in Mode kommenden „alten heidnischen Kulten" mit äußerster Skepsis begegnen, sondern weil wir nach möglichst genauer Recherche hinter deren Fassade echte Gefahren und deren Folgen entdeckt haben: praktizierende Esoteriker im unmittelbaren Umkreis des WithJesus-Teams wurden physisch und psychisch

schwer krank, fielen in Depressionen; Familien, Ehen und Existenzen scheiterten, bis hin zu Selbstmorden aufgrund völligen Verlusts des Realitätsbezuges. **Wir sehen es als unsere Verantwortung, davor zu warnen!**
Wir werden jetzt statt theoretischer Analyse verschiedener Bereiche mehrere tatsächlich stattgefundene Fälle durchleuchten, die im Umfeld des WithJesus-Teams passiert sind. Diese Fälle bzw. praktischen Beispiele sind symptomatisch für Esoterik und Okkultismus und entstammen einer fast 40jährigen Forschungsarbeit der Mitglieder des WithJesus-Teams. Wir werden Esoterik und Okkultismus auch mit Bibelstellen vergleichen.

Religion heißt lateinisch „religio“ = „gewissenhafte Sorgfalt in der Beachtung von Zeichen und Regeln“.
Christentum ist demnach nicht „religiös“ und braucht weder Regeln noch Gesetze, sondern ist ... siehe links oben unter der Überschrift.

Esoterik heißt altgriechisch „esoterikos“ = „innerlich“, einem „inneren Bereich“ zugehörig oder „nur einem inneren, bestimmten Personenkreis zugänglich“.
Okkultismus heißt lateinisch „occultus“ = „verborgen“, „verdeckt“, „geheim“, „esoterisch“, „paranormal“, „mystisch“ oder „übersinnlich“.

Das sagt *Paulus* zum Thema „heimlich“ oder „verborgen“ im
2. Brief an die Korinther 4,2: „*... sondern wir meiden schändliche Heimlichkeit ..., fälschen auch nicht Gottes Wort, sondern durch Offenbarung der Wahrheit empfehlen wir uns dem Gewissen aller Menschen vor Gott.*“
Epheser 5,12f: „*... und habt nicht Gemeinschaft mit den unfruchtbaren Werken der Finsternis; deckt sie vielmehr auf. Denn was von ihnen heimlich getan wird, davon auch nur zu reden ist schändlich.*“
Das sagt *Jesus* persönlich zum Thema „heimlich“ und „verborgen“ in
Matthäus 10,26: „*Es ist nichts verborgen, was nicht offenbar wird, und nichts geheim, was man nicht wissen wird.*“

Wichtig: Gott ratet in der Bibel an vielen Stellen eindeutig von jeder Art der Heimlichtuerei ab. Von Gesprächen mit Esoterikern oder Okkultisten wissen wir, dass signifikant viele von ihnen sich aufgrund ihres „Wissens“ – sorry – für „etwas Besseres“ halten oder „höher entwickelt“ als ihre Mitmenschen zu sein glauben und erheben sich über sie – dazu die Meinung Jesu in
Matthäus 23,12: „*Denn wer sich selbst erhöht, der wird erniedrigt; und wer sich selbst erniedrigt, der wird erhöht.*“

Wichtig ist jetzt die Bedeutung der folgenden Begriffe:
geistig: den Geist des Menschen betreffend, griech. „Psyche"
geistlich: spirituell, also u.a. das Übernatürliche betreffend

Pseudowissenschaften sind zu einem weltweiten Industriezweig geworden. Pseudowissenschaftler belügen uns – und sich selbst? – auf eine schauerliche Weise, denn im besten Falle erlebt man subjektive Erfahrungen, mit denen man sich allerdings selbst trefflich täuschen kann. Beispiel:

Schon mal **Wünschelrutengänger** auf ihrer Suche nach Schätzen und Wasseradern gesehen? Die deutsche **„Gesellschaft zur wissenschaftlichen Untersuchung von Parawissenschaften"** konnte nach genauester Untersuchung keine signifikanten Abweichungen von den zu erwartenden Zufallstreffern erkennen. Trotzdem geben viele Menschen für esoterische Dienste oder Artikel unglaubliche Summen aus: z.B. für eine ca. 1 Meter hohe Säule aus Kupferrohren, oben eine kleine Glaspyramide montiert, in der bunte Kiesel eingegossen wurden, die Unglaubliches können soll: „Umweltverschmutzung durch Chemtrails werden in Harmonie, Ätherfelder des Himmels wieder ins Gleichgewicht gebracht und Lebensenergie beschleunigt" nur € 4.000,-.
„Energy-Pads aus 0,7 mm satiniertem Kunststoff", ca. so groß wie eine Küchenfliese, sollen, auf den Boden in Ecken gelegt, den „Lebensenergielevel der umfassten Räume auf lebensförderndes und aufbauendes Niveau" heben und „Erdstrahlen abhalten": nur € 114,- pro Stück. Auf den Körper gehängt, sollen die Pads „einen Transformations- und Schutzraum bilden, der Vitalenenergien zuführt". Eine Draht-Spirale, wie die auf Opas Schreibtisch zum Briefe-hineinstecken, soll um den Hals gehängt „negative Schwingungen abhalten und uns mit kosmischen Rhythmen in Einklang bringen". Keine seriöse Wissenschaft konnte jemals pseudowissenschaftlichen Artikeln irgendeine Wirkung nachweisen![21]

Halt – und was ist mit den betenden Christen? Kann man eine Wirkung nachweisen, wenn Christen beten? Ja! Mehr Info in Kap. 2.3.

Zu Esoterik und Okkultismus und deren praktischer Umsetzung muss in aller Deutlichkeit gesagt werden: Alarm! Abstand! Finger weg!

---

21 Youtube.com, Lesch, Harald, „Terra X Lesch & Co – Wie Pseudowissenschaftler uns belügen", https://www.youtube.com/watch?v=FjfoNLaE1Hc&spfreload=5, 18.10.2017, abger. am 2.12.2017

3.I Jesus — oder Esoterik, Okkultismus, Wahrsagerei, Astrologie, Philosophie?

Beispiel 1: Jesus oder Esoterik und Okkultismus?

Ein 34jähriger, dem WithJesus-Team bekannter „frischgebackener" Christ, wurde von einem Esoterik-Fan mit einer herausfordernden Frage konfrontiert: „Wenn nur der christliche Weg die Wahrheit sein soll, warum helfen dann manchmal esoterische Heilungsmethoden? Warum „wissen" selbsternannte Hellseher/innen oft Dinge, die sie nicht wissen können? Warum „funktionieren" okkulte Rituale, obwohl Gott das lt. Bibel nicht will?"

Da der Befragte noch ein unerfahrener Christ war, konnte er diese Frage nicht gleich beantworten. Also ging er abends ins Gebet und bat Gott um Antwort: Was sollte er dem Freund sagen? Ratlos und planlos schlug unser Christ nach dem Gebet die Bibel „irgendwo" auf und begann zu lesen:

5. Mose 13,1f: „*... Wenn ein Prophet oder Träumer unter euch aufsteht und dir ein Zeichen oder Wunder ankündigt* **und das Zeichen oder Wunder trifft ein,** *von dem er dir gesagt hat, und er spricht: Lass uns andern Göttern folgen, die ihr nicht kennt, und ihnen dienen, so sollst du nicht gehorchen den Worten eines solchen Propheten oder Träumers;* **denn der HERR, euer Gott, prüft euch, um zu erfahren, ob ihr ihn von ganzem Herzen und von ganzer Seele lieb habt.**"

Gott führte unseren jungen Christen durch Sein Wort, der Bibel, zur Antwort und die lautet: Gott lässt manchmal diese Zeichen und Wunder von Esoterikern, Schamanen, Kartenlegern etc. zu – damit Gott und wir (!) wissen, wofür wir uns entschieden haben. **Nur allzuoft haben durch Esoterik & Co. erfüllte Wünsche schlimmere Folgen, als wenn der „Wunsch" nicht erfüllt worden wäre. Echten Segen erhalten wir nur, wenn wir unsere Bedürfnisse Gott anvertrauen – Er gibt uns, was wir wirklich brauchen, s. Kap. 2.4.**

Eine beliebte Floskel von Esoterikern ist, dass „jeder Mensch sich selbst auf die Welt gebracht hat" – was suggerieren soll, dass es keinen Gott gibt und schon gar nicht den der Bibel. Unsere Antwort darauf: dann müsste man sich doch umbringen und danach wieder „selbst" auf die Welt bringen können, oder? Darauf immer betretenes Schweigen der Esoteriker ... bitte *nicht* versuchen!

Beispiel 2: Christliche Prophetie oder der Wahrsager der Nachbarin?
1. Korinther 14,3: „*Wer prophetisch redet, der redet den Menschen zur* **Erbauung** *und zur Ermahnung und zur Tröstung.*"
Jeder Christ kann von Gott eine Prophetie bekommen. Für sich selbst, für

den Freund, für Familienmitglieder, die Kollegin oder für den streitsüchtigen Nachbarn ... mehr Info in Kap. 2.4 und ab Kapitel 6.0 dieses Buches.

Eine Prophetie sollte *positiv* und *auferbauend* für die Empfänger sein, dann entstammt sie eher von Gott und nicht aus eigenen Emotionen.
Prophetien mit *negativem* Inhalt zeigen, was die „spirituellen Gegenseite" (siehe Kap. 5.3 und 5.4 dieses Buches) einem antun möchte.
Negative Prophetien kann man ganz einfach „brechen" und das geht so – klingt absurd für Außenstehende, aber funktioniert: Sie sagen einfach **„ich breche in Jesu Namen diese Aussage, dass mir das oder das** (Unfall, Krankheit, etc.) **passieren soll! Ich setze mich** (bzw. andere Personen) **davon in Jesu Namen frei!"** Ein älterer Freund eines WithJesus-Autors erzählte, dass ihm in einem Wirtshaus ein esoterischer Wahrsager die Scheidung seiner Ehe vorausgesagt hat, die dann auch eintraf. Natürlich glaubt der arme Mann jetzt, dass alle diese Wahrsager übersinnliche Fähigkeiten haben.

Ein Christ hätte diese negative Prophetie abgewendet, und das geht so:
1/3 Die Aussage des Wahrsagers vom Scheitern der Ehe *so bald als möglich* im Gebet, wenn möglich mit einer zweiten Person, „in Jesu Namen brechen".
2/3 Wenn möglich, natürlich mit dem Ehepartner beten! Auf alle Fälle *für* den Ehepartner, die Ehe und die Liebe beten ...
3/3 Ehepaare haben sich meistens sehr geliebt, sonst hätten sie nicht geheiratet. Im Falle von Krisen in der Ehe ist das gemeinsame Gebet das Wichtigste: bitten Sie Gott gemeinsam um *Erneuerung Ihrer Ersten Liebe,* vergeben Sie einander, versöhnen Sie sich, und/oder suchen Sie gemeinsam einen Seelsorger auf, aber keinen esoterischen, sondern einen christlichen! **Unsere Empfehlung:**
Gehen Sie *nie wieder* zu einem Wahrsager oder Hellseher und warnen Sie alle Ihre Mitmenschen davor! Wenn der oben erwähnte ältere Freund des Autors stattdessen den Empfehlungen der Bibel praktiziert hätte, wäre er mit größter Wahrscheinlichkeit noch mit seiner Frau zusammen – und glücklicher als zuvor. **Das sagt uns Gott persönlich zu Wahrsagerei über den Propheten Jesaja 8,19:** *„Wenn sie aber zu euch sagen: Ihr müsst die Totengeister und Beschwörer befragen, die da flüstern und murmeln, so sprecht: Soll nicht ein Volk seinen Gott befragen? Oder soll man für Lebendige die Toten befragen?"*
(Zur Glaubwürdigkeit des Propheten Jesaja lesen Sie bitte Kapitel 2.5 dieses Buches: Jesaja hatte 700 v. Chr. vorausgesagt, dass Israel an einem Tage wiederentstehen wird – gegen alle Erwartung wurde das am 14. Mai 1948 wahr – nur eine von tausenden, wahrgewordenen Bibelprophetien! Siehe Jesaja 66,8)

Beispiel 3: Astrologie

Astronomie griechisch „astron" = „Stern" und „nómos"= „Gesetz".

Astrologie griechisch „astron" = „Stern" und „logos" = „Wissen".

Astronomie ist seriöse Forschung, Astrologie ist esoterisches Halbwissen – der Unterschied sollte klar sein ... :-)

Völker vergangener Jahrtausende, speziell Griechen und Araber, waren von den immer gleichbleibenden Figuren der Fixsterne fasziniert. Irgendwann verbanden sie die Sterne zu Figuren und interpretierten Gestalten hinein: Steinböcke, Krebse, Hunde, Jungfrauen ... und wenn der immer wandernde Planet Venus (oder ein anderer Planet) im Sternbild Hase stand (nur ein Beispiel, bitte keine Haarspaltereien :-)) und es gab Krieg, dachte man, es gäbe wieder Krieg, wenn sich die Venus wieder dem Hasen näherte.

Ja, leider ist das Prinzip der Astrologie so simpel ... ok, vielleicht ein bisschen komplexer, aber so funktioniert es. Unter welchem Stern ist wer wann geboren? Vielleicht ist lt. Astrologie ein Mensch kriegerischer Natur, weil zur Zeit seiner Geburt die Venus wieder im Sternbild Hase war ... Ironie Ende.

Astrologie beschneidet und verzerrt eines der wertvollsten Geschenke Gottes an die Menschen: den Freien Willen!

Die Menschen in den verwöhnten Industrieländern sind zwar auf persönliche Freiheit bedacht, aber Millionen lesen täglich die Horoskope oft unseriöser Zeitungen und richten ihr Leben nach der Astrologie aus: beim Fingernägel schneiden, Fensterglas putzen, bei Vorstellungsterminen, beim Sexualpartner aussuchen. Versuchen Sie mal, zu „Löwe-" oder „Jungfrau-Tagen" einen Termin beim Friseur zu bekommen – kaum möglich, denn viele Menschen glauben, dass Haarschnitt zu diesen Tagen schöneres Haar verursacht. Und zu „Steinbock-Tagen" das Haar widerborstig und schlecht kämmbar wird. Und nur deswegen, weil irgendein Planet vor ein paar Sternen steht, die vor ein paar tausend Jahren irgendjemanden an einen Löwen oder eine Jungfrau erinnert haben! Ein Mitarbeiter des WithJesus-Teams hatte bei einer Zeitung mitgearbeitet und weiß, dass die meisten Horoskope von Journalistinnen beim Kaffeetratsch mit viel Gekichere ... nur *erfunden* werden!

Astrologie genial enttarnt: das **Serienmörder-Experiment** des französischen Psychologen **Michel Gauquelin** widerlegt selbst „professionelle" Astrologie: 1968 übergab Gauquelin 150 Personen „ganz persönliche Horoskope". 94% erkannten sich darin wieder, 90% fanden sie „sehr passend". Reingelegt: tatsächlich bekamen *alle Personen das gleiche Horoskop* – erstellt von einem professionellen Astrologen nach den exakten Geburtsdaten ... eines Serienmörders!

Unzählige seriöse Studien (u.a. von Universitäten) bestätigen, dass Astrologie nicht funktioniert. Deswegen ersparen wir uns hier Quellenangaben, wer will, findet schon eine Unmenge davon unter „Astrologie" auf Wikipedia.

Nazi-Größen wie SS-Chef Heinrich Himmler schoben ihre Verantwortung über Leben und Tod auf Astrologen und „braune Magie" ab – die *„Früchte ihrer Arbeit"* (eine Bezeichnung von Jesus persönlich) kennen wir.

Das sagt Gott persönlich zur Astrologie:
Jeremia 10, 2&3: *„So spricht der Herr: ... erschreckt nicht vor den Zeichen des Himmels* [Sternkonstellationen, Anm.]*, auch wenn die Heiden sich vor ihnen fürchten! Denn die Bräuche der Heiden sind nichtig."*
Jesaja 47,13: *„So laß sie doch herzutreten und dich retten, die den Himmel einteilen, die Sternseher, die jeden Neumond ankündigen, was über dich kommen soll! Siehe, sie sind geworden wie Stoppeln, die das Feuer verbrannt hat; sie werden ihre Seele nicht vor der Gewalt der Flammen erretten ..."*
Achtung, wichtig: in den Berichten der Bibel über die Endzeit lesen wir über die **„Blutmonde"**, ein biblischer Begriff für Neumond. Dieser hat nichts mit Astrologie zu tun. Denn Astrologie ist nebulose Deutung, aber Blutmonde sind Termine, an denen man damit rechnen kann, dass Gott wieder handelt.

Hier vier gespenstische Vorfälle aus der Praxis, die Menschen im Umkreis des WithJesus-Teams mit Astrologie und Hellseherei erlebten:
1/4: Ein dem WithJesus-Team bekannter, esoterisch aktiver Mann verliebte sich und sah in einem Astrologie-Ratgeber nach, was wohl über den Charakter des Sternbildes seiner Traumfrau berichtet wird. Zu seiner großen Überraschung fand er verblüffend präzise Beschreibungen des Wesens der jungen Dame, die wie ein Tatsachenbericht aus Ihrem Leben wirkten. Er vertraute dem Buch – dennoch scheiterte die Beziehung. Drei Jahre später wurde er Christ, erinnerte sich an diese Begebenheit und wurde verunsichert: einerseits rät die Bibel von Astrologie ab, andererseits standen damals im Astrologiebuch doch auch „richtige" Angaben! Und er sah nochmal an dieser Stelle des Buches nach und ... fand sie nicht mehr! So lassen wir uns von Astrologie, Esoterik & Co. manipulieren – und Gott warnt uns in der Bibel davor, z.B durch den Propheten
Jesaja 19, 3&14: *„Dann können sie **keinen klaren Gedanken** mehr fassen; sogar die weisen Berater sind mit ihrer Kunst am Ende. Dafür sorge ich!* [Gott, Anm.] *Weil sie keinen Ausweg mehr wissen, suchen sie bei den Götzen Rat ... Sie fragen Zauberer, Hellseher und Totenbeschwörer. Der Herr hat ihren Geist verwirrt ... das Volk gleicht einem Betrunkenen, der in seinem Erbrochenen herumtorkelt."*

Jesaja 44,25: *„Ich* [Gott, Anm.] *bin es, der die Wunderzeichen der Orakelpriester platzen lässt und die Wahrsager zu Narren macht, der die Weisen zur Umkehr zwingt und ihr Wissen zur Torheit macht."*

2/4: Ein ebenfalls dem WithJesus-Team bekannter christlicher Ingenieur wurde zu einer (wörtlich) „coolen Veranstaltung" eingeladen, die sich im Laufe des Abends als satanische Messe entpuppte. Aber nicht irgendwo im Mittelalter oder im Dschungel, sondern vor wenigen Jahren in einer europäischen Hauptstadt! Als der Durchführende auf der Bühne seine Rituale beginnen wollte und Satan rief, stockte er und wurde unruhig. Die Besucher wurden aufmerksam, und plötzlich unterbrach er seine Tätigkeiten mit folgender Durchsage ins Mikrophon: „Satan kann nicht kommen, wir können das Ritual nicht durchführen, denn es ist ein Christ im Raum anwesend!" Dem Ingenieur wurde etwas mulmig, denn als Neuling in der Veranstaltung wurde er schnell erkannt. Gottlob geschah ihm nichts, aber er wurde gefragt: „Wie kannst Du so viel Macht haben, dass Du Satan vom Kommen abhalten kannst?" Der Ingenieur antwortete: „Nicht ich halte ihn ab – Jesus tut es!"
Am Heimweg wurde unser Ingenieur von ein paar Männern überfallen, die mit ihren Messern vor seinem Gesicht herumfuchtelten. Als der Ingenieur Gottergeben sagte „ok, wenn ihr mich töten wollt, dann bin ich wenigstens schneller bei Gott." Was war die Reaktion der Gangster? Sie drehten sich wortlos um und gingen mit verblüfften Gesichtern weg ... Tatsache!

3/4: Das WithJesus-Team hörte von einem außergewöhnlich talentierten jungen Gitarristen, der sich für Esoterik interessierte und Musik nach zahlenmystischen Gesetzen komponierte – und seit dieser Zeit mit schweren psychischen Problemen zu kämpfen hatte, inkl. Aufenthalt auf einer geschlossenen psychatrischen Station. Einige Zeit später wurde der junge Musiker als geheilt entlassen und uns vorgestellt: aufgedunsen von Medikamenten, mit leerem, unheimlichen Blick und seltsam erhobener Stimme berichtete er von einem Aufenthalt am Meer: „... ich stand am Ufer ... und dann sah ich sie kommen ... Schiffe, mit wunderbaren Lichtern ..." Auf Nachfrage bestätigte er schlimmste Befürchtungen: er glaubte, UFOs gesehen zu haben. Wenige Tage später erfuhr das WithJesus-Team, dass der junge Gitarrist seine psychische Situation nicht mehr ertragen konnte und sich vor den Zug gestürzt hatte.

4/4: Ein junger Mann im Dunstkreis des WithJesus-Teams erlebte eine schwere Krise mit seiner Freundin, als er sich zu Jesus bekehrte – denn seine Freundin wollte nichts von Jesus wissen. Dennoch wollte die junge Dame die Beziehung retten und suchte Hilfe auf. Leider, trotz dringendstem Abraten ihres Freundes, bei einer Hellseherin, einer angeblich hochangesehene Koryphäe in ihren Kreisen. Als die junge Dame zurückkam, erzählte sie, dass die Helleseherin „keine Hochzeit, aber auch keine Trennung" sah. Aber der junge Mann spürte, dass seine Freundin nicht alles sagte. Monate nach der Trennung fragte er die junge Dame nochmal und sie gestand, dass die Hellseherin sofort wusste, welche Berufe beide hatten, dass eine Trennung bervorstand, der Mann ausziehen und sie eine neue Beziehung eingehen würde. Dann sagte die Hellseherin plötzlich ganz erstaunt, dass sie (wörtlich) „ab diesem Zeitpunkt über den jungen Mann nichts mehr sagen könne, sie keine Informationen mehr über ihn bekäme – dass sei ihr noch nie passiert, sie könne es sich nicht erklären."

Aber das WithJesus-Team kann es erklären: Die Hellseherin bekam ihre Informationen von der – sorry, Klartext – „dunklen" Seite der „geistlichen Welt", in der leider nicht Engeln, sondern Dämonen zu Hause sind. (Mehr Info darüber ab Kapitel 5.4 dieses Buches). So konnte sie nichts mehr über den jungen Mann sehen ab dem Zeitpunkt, da dieser Christ werden würde, und wer Christ wird, ist vor dem Typen mit den Hörnern und den Dämonen verborgen – unter Gottes Schutz! Das bestätigt auch Paulus in seinem Brief an die **Kolosser 3,3:** „*... euer Leben ist verborgen mit Christus in Gott.*"

Eine besondere Gefahr ist der Okkultismus für Kinder. Allein das **Halloween**-Fest: es stammt von alten okkulten Ritualen ab, mit denen Geister aus dem Jenseits gerufen, manchmal sogar Menschenopfer dargebracht und Knochenfeuer angezündet wurden. Freudenfeuer = engl. „Bonfire", von *Bone*fire = Knochenfeuer. Mal ehrlich, können *Sie* erklären, warum ...

... laufen Kinder zu Halloween nachts mit dämonischen Masken herum und beschmieren die mühsam erarbeiteten Häuser und Autos ihrer Mitmenschen, nur weil sie nicht *noch mehr* Süßigkeiten bekommen, als sie ohnehin haben?

Das WithJesus-Team bietet dazu eine Alternative an: Kinder könnten sich zu Halloween als Engeln verkleiden und stattdessen den armen und einsamen Menschen in ihrer Nachbarschaft, der alleinstehenden Witwe, bettlägerigen Menschen im Alten- oder Armenheim Süßigkeiten bringen.

In vielen Computerspielen oder Jugendfilmen werden Verbrechen und Mord inflationär oft gezeigt. Gesichter sind vor Härte verzerrt, weibliche Figuren tragen oft Kleidung wie Prostituierte. Immer wieder sieht man Figuren, die einen Eindruck hinterlassen, als ob sie „dämonisiert" wären. Das Finale in Filmen und Spielen ist meist „die große Rauferei" zwischen den Hauptdarstellern und vermittelt, dass nur der körperlich Stärkste in der Welt etwas gilt. Pädagogisch wertvoll, oder? Traurige Ironie Ende.

Der Kinofilm-Kult um den armen jungen Zauberlehrling, der seine Erfüllung in einer Parallelwelt findet, in der er zum Zauberer im Zauberschloss ausgebildet wird, ist äußerst raffiniert angelegt: das erste Buch und dessen Verfilmung spielen im Kindesalter des Hauptdarstellers, in dem weder Persönlichkeit noch Denken des Kindes gefestigt sind. In den Fortsetzungen der Bücher kommt der Knabe und seine Freunde in die Pubertät.

Perfekt ausgelegt dafür, die junge Leserschaft bis zum Erwachsenwerden zu begleiten und zu beeinflussen – denn die Bände entsprechen den Bildungstufen eines englischen Internats. Für die meisten Christen etwas alarmierend, da die mittlerweile äußerst reiche Autorin erzählte, für ihre Schreibarbeit mittels „Kommunikation mit einem Geist" inspiriert worden zu sein und dafür als Officer in den Order of the British Empire aufgenommen wurde.[22]

Warum sind Esoterik und Okkultismus in unserer scheinbar rationalen und „vernünftig" denkenden Welt so auf dem Vormarsch?

Vielen Menschen fehlt in der Leistungsgesellschaft der Industriestaaten und dem Druck, der dadurch entsteht, etwas nur allzu Menschliches: Wärme, Geborgenheit, und Dinge, die das Leben bunter, spannender und harmonischer machen. Die Esoterik gaukelt auf trügerische Weise eine schnell zugängliche Parallelwelt vor, die Rechnung wird später präsentiert: oft fällt man auf selbsternannte Wunderheiler, Gurus oder Scharlatane herein und wird ausgebeutet, manchmal bis zum finanziellen oder gar sexuellen Missbrauch.

Es gibt auch keine „weiße" oder „gute" Magie – *beide* sind vom Typen mit den Hörnern und seinen Dämonen, siehe Kap. 5.4.

Jetzt mal Klartext:

bis in die Schulen werden Esoterik und weichgespülte schwarzmagische Umtriebe etabliert, **während das Zeichen Nummer 1 für selbstlose Liebe, das Kreuz, aus immer mehr Klassenzimmern dieser Welt entfernt wird.**

Sorry, aber Esoterik, Okkultismus und exotische Glaubensrichtungen bringen letztendlich keine Verbesserung des Lebens, sondern eine Verzerrung: sie lenken vom nachweisbaren Wunder Jesus und Bibel ab.

---

22 factum Magazin in jesus.ch online, Berger, Klaus Rudolf: „Zauberlehrling Harry Potter", http://www.jesus.ch/magazin/jugend/youthmag/entertainment/104101-zauberlehrling_harry_potter.html, 25.03.2002, abger. am 23.6.2018

Christentum ist KEINE Philosophie

Hey, was hat denn die „Liebe zur Weisheit" (so die Bedeutung des griechischen Begriffs „Philosophie") bei Esoterik und Verschwörungstheorien zu tun?

Wir wollen hier jetzt nur ganz kurz darauf eingehen und zu allererst aus den vielen Spektren der Philosophie die Sparte Naturphilospohie herausnehmen. Denn diese sucht u.a. – vereinfacht erklärt – nach Erkenntnissen, wo Naturwissenschaften wie Biologie und Theoretische Astrophysik an ihre empirischen, d.h. mess- und erfahrbaren Grenzen stoßen. Eine logische und feine Sache.

Ohne jetzt zu sehr verallgemeinern zu wollen, entstammen viele der uns landläufig bekannten Philosophien der griechischen Kultur. Wie in Kap. 2.8 erwähnt, beschreibt die Bibel den Menschen ganzheitlich: der Mensch *ist* auch Körper, *ist* eine Seele, *ist* auch Geist, was dem With-Jesus-Team sogar von Ärzten der Neurologie und Psychiatrie bestätigt wurde (s. S. 69). Im Gegensatz dazu finden wir in der griechischen Philosophie eher eine Dualität eines „niederwertigeren Körpers" und „höherwertigeren" Seele. Vielleicht merken Sie's schon, der fast wichtigste Aspekt des Menschen fehlt hier: der Geist, griech. „pneuma", hebräisch (transliteriert) „ruach", der Lebens-Odem Gottes.

Mehrere Interviews des With-Jesus-Teams mit Philosophen haben den Eindruck einer – bitte um Verständnis – zur Kultur erhobenen unlogischen Zerredung hinterlassen, aber kaum Antworten oder Lösungen.

Drei klassische Behauptungen von Philosophen WIDERLEGT:

1/4 Philosophen kritisierten im Interview mit uns die Katholische Kirche ohne weitere Begründung als „Katastrophe". Auf unser Gegenargument „überall, wo Menschen sind, passiert auch Schlechtes – aber die Katholische Kirche tut auch viel Gutes!" antwortete ein Philosoph nur überlegen lächelnd: „Tja, und was ist das Gute?" Unsere Antwort „z.B. Hilfe in Krankheit, existenzieller oder seelischer Not, Würde vermitteln, gegenseitige Auferbuung, Leben retten" wurde vom Philosophen mit einem ebenso süffisant wirkenden Grinsen „Und wer sagt, dass es richtig ist, Leben zu retten?" quittiert.

WIDERLEGUNG:

unser Philosoph wusste zwar nicht, was „das Gute" war, verurteilte die Katholische Kirche aber pauschal verallgemeinernd als „katastrophal". Obwohl – davon sind wir überzeugt – katholische Christen mehr Leben retteten als Philosophen. **Ein im Mittelmeer in Not geratener Flüchtling könnte schnell erklären, was „das Gute" ist!** So entsteht der Eindruck der Weltfremdheit vieler Philosophen!

Wir *sind* nun mal am Leben, dieses will gemeistert werden und auch wenn wir unsere persönliche „Vollendung" vielleicht erst im Himmel erreichen, ist die Suche nach einem erfüllten Leben (ohne Egoismus) legitim, sagt auch Paulus im **1. Brief an die Thessalonicher 5,21:** *„Prüft alles, das Gute behaltet!"*

2/4 Ein Philosoph, Fan von Friedrich Nietzsche, klagte im Interview mit uns empört: „Es gibt genausoviel Geschlechter und sexuelle Ausrichtungen wie Menschen – diese binäre Sicht von Mann und Frau ist sowas von veraltet!" Was heißt „veraltet"? Und die omnipräsente gesellschaftsfähige Pauschal-Verurteilung der Katholische Kirche ist nicht veraltet?

WIDERLEGUNG:

Auch wenn jeder Mensch seine eigene sexuelle Ausrichtung „kreiert", ist eine allgemein gültige Definition zur „altmodischen binären" Einteilung in Mann und Frau leicht zu formulieren: **es braucht *eine Frau* und *einen Mann,* um unseren Anteil an der Schöpfung in Anspruch zu nehmen, nämlich ein Kind zu zeugen!** Genetische Besonderheiten oder sexuelle Bedürfnisse mancher Menschen ändern daran nichts – Gott liebt auch solche Menschen und verbietet in der Bibel, sie zu diskriminieren. Er ruft zu Toleranz auf!

3/4 Unterschiede zwischen Mann und Frau sollen dem Eindruck vieler Menschen nach in unserer Zeit vielerorts „absichtlich totphilosophiert und -argumentiert" werden. Z. B. von einer international bekannten Philosophin, mit – bei allem Respekt – scheinbar demonstrativ geschlechtslosem Äußeren und Lehrstuhlinhaberin an einer Universität in den USA. (Ihr Name ist uns bekannt, soll aber aus Gründen der Fairness hier nicht erwähnt werden)

WIDERLEGUNG:

Tendenzen zum „Wegargumentieren" der Geschlechter sind unserer Überzeugung nach zum Scheitern verurteilt, denn **Mann und Frau *sind* unterschiedlich.** Bedürfnisse, Eigenschaften, *Gemeinsamkeiten innerhalb* beider Geschlechter und die *Unterschiede zwischen* beiden Geschlechtern sind nur allzu signifikant und können nicht nur anerzogen sein.

Aber Jesus und die Bibel appellieren mehrfach zu *Gleichberechtigung* für Mann und Frau!

4/4 Ein With-Jesus-Mitarbeiter kannte einen Doktor der Philosophie, Leiter eines Wohnhauses für behinderte Menschen, dem Beschwerden entgegengebracht wurden, weil die Betreuer trotz des Rauchverbotes im Haus exzessiv rauchten. Der With-Jesus-Mitarbeiter appellierte an diesen Philosophen mehrfach, das

Rauchverbot durchzusetzen, dieser legitimierte das Rauchen mit elendslangen philosophischen Argumenten und meinte noch, „es brauche für das Zusammenleben von Menschen weder Regeln noch Grenzen".

WIDERLEGUNG:

„Keine Regeln und Grenzen?" Dann nehmen Sie mal auf Straßen alle Ampeln ab und beobachten Sie, wie Verkehrschaos zum Verkehrswahnsinn wird.

Menschen *brauchen* zum Zusammenleben Regeln und Grenzen!

Genau diese alten christlichen Werte, die manche Philosophen zerreden (siehe Widerlegungen ab Punkt 1/4)**, *ermöglichen* erst den Philosophen *existenziell* den Luxus, diese Werte mit vielen Wörtern zu zersetzen:** glauben Sie, dass wir viel Zeit zum philosophieren hätten, wieviele Geschlechter es gibt, wenn wir alle noch im Pfahlbau leben und das Reh jagen müssten, um zu überleben? Dann wäre wieder Zusammenhalt in der Großfamilie gefragt. Familie, Vernunft statt Rachekultur, Vergebung, Nächstenliebe etc. finden wir angesichts des Elends dieser Welt – lassen Sie uns ehrlich sein – eher in sog. „christlichen Ländern": signifikant bessere Lebensqualität, längere friedlichere Phasen, mehr Gleichberechtigung für Mann und Frau und für verschiedene Kulturen, weniger Kriminalität oder Korruption. Was nicht heißt, das sog. „christliche" Länder keinen Dreck am Stecken hätten – Möchtegernchristen (die keine echten Christen waren) haben Verbrechen verübt. Aber bei allem Respekt: was würde passieren, wenn Sie in so manch anderem Land laut darüber philosophieren würden, wieviele Geschlechter und sexuelle Ausrichtungen es gibt? Also, was soll an (echten!) Christen so „katastrophal" sein?

Für Christen erfrischend logisch klingend und der Bibel entsprechend ist eine Empfehlung des schottischen Philosophen **David Hume** (1711-1776), die „eigenen Wahrnehmungen, das, was Menschen sehen und fühlen ... sehr genau zu erforschen, anstatt voreilig davon auszugehen, dass die Dinge so sind, wie sie dem Menschen auf den ersten Blick zu sein scheinen."[23] (was damit auch die Astrologie ad absurdum führt)

Im Gegensatz dazu ist **Friedrich Nietzsches** (1844-1900) **Nihilismus** für Christen ein Armutszeugnis, hier ein paar Statements: „... keine absoluten Wahrheiten und Werte ... Hieraus ergibt sich ein Glauben an die absolute Wertlosigkeit, das heißt Sinnlosigkeit." Nietzsche ersetzt Gott mit dem „Gedanken der ewigen Wiederkehr ... dass alles Geschehende schon unendlich oft geschah und unend-

23 Hume, David: „Abhandlung über die menschliche Natur". Vgl.: 1.4.2.

lich oft wiederkehren wird". Ein Gegensatz zu David Humes Ansicht, s.o. **WIDERLEGUNG Friedrich Nietzsches: siehe ab Seite 13 dieses Buches.**

Laut Nietzsche ist der Mensch, der durch „Umwertung aller Werte neue Werte zu schaffen" der „... Übermensch, zugleich Antichrist und Überwinder Gottes ... Besieger des Nichts. Das Handeln des neuen Menschen folgt der Triebkraft des Willens zur Macht ..." Überwinder Gottes?
Wir sehen in der Geschichte, was gottlose Menschen machen: Krieg, Versklavung, Vernichtung. Auch wenn sich manche Menschen davon als Christen bezeichnet haben: *diese waren keine Christen!*
Echte Christen folgen den Aufrufen von Jesus: Nächstenliebe, Vergebung, etc. Bei allem Respekt: es bedient Erwartungen, dass Nietzsche im Alter von nur 45 Jahren, begleitet von Wahnvorstellungen, in geistige Umnachtung fiel.

Christen glauben sehr wohl an absolute Werte, die uns das Leben und die Bibel vermittelt: Liebe, Dankbarkeit, Barmherzigkeit und an die Prophetien der Bibel, die uns mit verblüffender Präzision einen Nachweis für etwas Übernatürliches schenken. Wir brauchen deshalb nicht „das Nichts besiegen", weil ohnehin genug „da" ist, weiters wird nichts unendlich oft wiederkehren, weil ...
1/2 ... schon oben genannter David Hume das mit seiner Formulierung des Induktionsproblems widerlegt.
2/2 ... die Schöpfung einen Anfang hat und am Ende Jesus kommen wird (siehe ab Kap. 2.0 und 6.0) – dann wird etwas komplett Neues entstehen.

Wir raten dringendst ab, Antichrist zu werden, weil dieser Typ zum Schluss in die Hölle geworfen wird und spätestens dann sicher weiß, was „das Gute" ist – und sich danach vergeblich sehnen wird.

Und wer soll bitte „Gott überwinden" können? Und, mal ehrlich:
Was sollen Philosophien wie Nietzsche einsamen oder kranken Menschen helfen oder einem hungerndem Kind ohne Eltern?
Mit *Gebet und Tat* Gott Anrecht geben, zu helfen oder zu heilen, *das* **hilft!**
Mit einem Wort, auch wenn jetzt so mancher Philosoph die Augen verdreht: Gutes tun. **Wer Christ sein will, ist zu aktiver Nächstenliebe verpflichtet.**

Manches Wissen kostet nur Lebenszeit und lenkt vom Ziel ab, erklärt Paulus in **1. Korinther 8,1:** *„... Die Erkenntnis bläht auf, die* **Liebe aber erbaut.**"

Und diese Bibelstelle ist der Grund für dieses Kapitel: Paulus' eindeutige
Warnung vor Irrlehren aus
Kolosser 2,8: *„Habt acht, dass euch niemand* **beraubt durch die Philosophie**
*und leeren Betrug, gemäß der Überlieferung der Menschen, gemäß den Grundsätzen
der Welt und nicht Christus gemäß."*

Wenn Sie *gegen* **den Strom von Philosophie, Esoterik und Okkultismus
schwimmen, gelangen Sie zum frischesten Wasser:** *der echten Quelle Jesus.*

1/3 Nur die Bibel beweist ihre übernatürliche Herkunft und garantiert größten
Segen, gratis für Ihre Leben, von *dem einen liebenden & lebendigen Gott*
dieses Universums. Beweis: siehe Kapitel 2.2ff.

2/3 Niemand braucht exotische, geheimnisvolle oder gar bescheuerte Rituale,
um Gottes Segen, Seine Heilung, Seine Errettung, Seine Lösung für Probleme
wie Einsamkeit u.v.m. zu erlangen.
Wir brauchen nur an Jesus glauben, wir dürfen *jetzt* zu Seinem Vater und zu
Ihm kommen, wie wir sind – wie kleine Kinder zu ihren liebenden Eltern!
Gott hört sie, Er will Ihnen helfen, siehe Kap. 2.3 dieses Buches.

3/3 Die Bibel und das vorliegende Buch haben unzählige Tipps: **der biblische
Weg mit Jesus ist keine virtuelle Welt aus Hollywood, keine Anweisung der
örtlichen Esoterikergruppe, sondern ein** *noch größeres und vor allem echtes
Abenteuer* **– und** *Sie,* **liebe Leser, spielen die Hauptrolle** und bekommen
sogar die dafür benötigten Fähigkeiten gratis dazu – siehe Kapitel 6.3 dieses
Buches.
Das hier will *Ihnen,* liebe Leserinnen und Leser, *Jesus persönlich sagen:*

Lukas 19,10: *„... denn der Sohn des Menschen ist gekommen, zu suchen und zu*
retten, *was verloren ist."*

Lukas 4,18: *„Der Geist des Herrn ist auf mir, weil er mich gesalbt hat, den Armen*
frohe Botschaft *zu verkünden; er hat mich gesandt, zu* **heilen,** *die zerbrochenen
Herzens sind, Gefangenen* **Befreiung** *zu verkünden und den Blinden, daß sie
wieder* **sehend** *werden, Zerschlagene in* **Freiheit** *zu setzen, um zu verkündigen das
Gnadenjahr des Herrn."*

Jesus will und wird Ihnen helfen! In der Bibel und in diesem Buch steht, wie.

4.0 Aber was ist mit den anderen Religionen?

Gleich vorweg: Dieses Kapitel ist kein „Wettbewerb" der Religionen. Bitte lesen Sie dringend zuerst dieses Vorwort. Eine Zusammenfassung mit Schlussfolgerung gibt es am Ende des Kapitels.

Echte **Christen respektieren andere Glaubensrichtungen, helfen und beten für** *alle* **Menschen** *aller* **Kulturen und** *aller* **Religionen.**

Der Sinn dieses Kapitels ist **Verständigung, Aufklärung von Missverständnissen** und der Versuch, **neue Diskussionsebenen** zu bilden. Wir schildern hier andere Religionen aus der Sicht der Christenheit.

Hier, an dieser Stelle, werden wir die Religionen bzw. ihre Gründer nicht beim Namen nennen. Es geht hier *nicht* **darum, etwas oder jemanden „schlecht zu machen", sondern wir erklären in diesem Kapitel, warum Christinnen und Christen so vom Christentum überzeugt sind.**

Und warum (verallgemeinern soll man nie) *zumindest die meisten* Christen andere Religionen zwar respektieren, aber nicht an deren Inhalte glauben.

Ein erster Eindruck: viele nicht-gläubige Menschen scheinen das Christentum gerne als Projektionsfläche für Kritik zu nehmen ...
• ... in einer oft unverhältnismäßig emotionalisierten Art und Weise,
• mit – sorry – oft ungeprüft einander nachgeredeten Vorwürfen & Gerüchten,
• die meist *nichts* mit Christentum oder Bibelinhalt zu tun haben,
• während im Falle anderer Glaubensrichtungen, die sich über die Intoleranz gegenüber allem Andersartigen definieren, zum Teil Stillschweigen herrscht oder nur hinter vorgehaltener Hand Sorgen geäußert werden,
• oder „exotische" Glaubensrichtungen vorbehaltlos als „gut" erklärt werden.

Ein zweiter Eindruck: vielleicht wird das Christentum auch so gerne kritisiert, weil bekannt ist, dass echten Christen Rache und Gewalt aufgrund Jesu Anweisungen untersagt ist? Kritik am Christentum ist also recht gefahrlos ...
Ein beliebter Kritikpunkt an Christen: der „Ausschließlichkeitsanspruch"
(bitte umblättern):

„Wieso sollte das Christentum der ‚einzig wahre Weg zu Gott' sein?"
„Wieso beanspruchen Christen die ‚Heils-Ausschließlichkeit' für sich?"

Was die Gemüter vieler Nichtchristen erhitzt, sind u.a. Bibelstellen wie diese:
Johannes 14,6 (das sagt Jesus persönlich): *„Ich bin der Weg und die Wahrheit und das Leben; niemand kommt zum Vater als nur durch mich!"*
Heißt das, dass man nur als Christ in den Himmel und ewiges Leben erlangen kann und alle Menschen aller anderen Religionen in die Hölle kommen? Nein, quatsch, das wäre nicht biblisch. Siehe Kap. 6.3.

4.1 Was hat der Astronaut Ulf Merbold mit diesem Kapitel zu tun? Ein verblüffendes Beispiel!

Das WithJesus-Team hat für Sie eine faszinierende Begebenheit gefunden:
Als die „European Space Administration"[24] Ende der 1970er Jahre zum Mitflug im Space Shuttle einlud, blieben von hunderten Bewerbern zur Astronauten-Ausbildung nach einem harten Selektionsverfahren nur noch 12 Anwärter übrig. Diese 12 beschlossen, ein Spiel zu machen: jeder sollte anonym einen Zettel mit dem Namen von dreien von ihnen abgeben, von denen sie intuitiv glaubten, dass sie die fähigsten und damit ersten Kandidaten für den Weltraumflug wären. Astronaut Ulf Merbold und zwei andere bekamen die Mehrheit, und Merbold wurde tatsächlich der erste deutsche Astronaut im Space Shuttle. Die gemeinsame Ahnung der Männer traf ein![25]
Das WithJesus-Team ist überzeugt, dass sich zumindest so ähnlich die verschiedenen Religionen entwickelten: Regelwerke, die intuitiv auf der Suche nach Gott entstanden. Und so haben sehr viele Menschen mit ihrer Ahnung recht und *spüren,* **dass ... Gott lebt.**

Christentum ist weder Religion noch Regelwerk, sondern praktizierte Nächstenliebe, Vergebung und Wieder-Kontaktaufnahme der Menschen mit Gott durch Seinen Sohn Jesus, der uns ewiges Leben und noch mehr anbietet. Ja, das funktioniert. Nein, wir nehmen keine Drogen.   :-)

Und nur in der Bibel finden wir Nachweise übernatürlicher Inspiration, die Spur eines lebendigen Gottes – siehe Kapitel 2.2 ab S. 13.

---

24 „ESA", europäisches Pendant zur amerikanischen Raumfahrtbehörde „NASA"
25 Merbold, Ulf: "Flug ins All", Bastei/Lübbe, Bergisch-Gladbach, S.179

Schlussfolgerung: Gott hat sich über die Bibel den Menschen offenbart, die Bibel wurde zum Wohl *aller* Menschen von Juden geschrieben – und Gott hat diktiert. Christen sind *verpflichtet*, andere Glaubensrichtungen zu respektieren, denn kein Christ kann aus eigener Kraft seine Mitmenschen von Jesus überzeugen, nicht mal mit den überlegtesten Argumenten – das kann nur Gott mit Seinem Heiligen Geist, erklärt Gott über den Propheten **Sacharja Kapitel 4, Vers 6:** *„Nicht durch Gewalt und Kraft wird es geschehen, sondern durch meinen Geist', spricht der Herr, der Allmächtige!"*

4.2 Andere Religionen aus Sicht der Bibel — was Christen NICHT glauben

Christen glauben nicht an Reinkarnation, auch „Seelenwanderung" genannt. Re-in-Karnation heißt (lat.) "Wieder-Fleischwerdung". Dieses „spirituelle Konzept" zweier Weltreligionen besagt, dass jemand nach seinem Tod wieder in einem anderen Körper auf die Welt kommen kann – in manchen Spektren dieser Religionen auch dem eines Tieres (Heilige Kühe sind etwas anderes).

Achtung 1/2: die Reinkarnation ist niemals in der Bibel gestanden und wurde dort auch nie „gelöscht".
Das ist eine – sorry – haltlose Behauptung, die wir immer wieder in Interviews mit Esoteriker/innen gehört haben, die das – sorry – ungeprüft anderen Esoteriker/innen nachreden, ohne das belegen zu können oder sich dafür um genügend Hintergrundinfos zu kümmern.
Das Konzept der Bibel ist mit dem der Reinkarnation nicht vereinbar, u.a. weil viele der Glaubensrichtungen-mit-Reinkarnation weder einen Gott noch ein Paradies beinhalten, was jedoch die Bibel mit ihren nachweisbaren Prophetien bestätigt, siehe Kap. 2.2 ab S. 11 .
Die beliebteste Bibelstelle, in die Reinkarnation hineininterpretiert wird: in **Maleachi 3,23** (letzter Prophet des Alten Testaments) wird „der Elia" ange-kündigt, ein Prophet des Alten Testaments: *„.... der Elia, der* [wieder] *kommen soll!"* Jesus persönlich zitiert diese Bibelstelle ca. 470 Jahre später in Matthäus, Kap, 11 Vers 13-15. Damit ist aber *nicht* gemeint, dass Elia in einem anderen Körper wieder auf die Welt kommen soll (hieße er dann nicht auch anders? :-)), sondern dass jemand in einer *Funktion* kommen wird, die der des Elia ähnlich ist, was durch Johannes den Täufer letztendlich passierte. Man kann sich das ungefähr so vorstellen, wie – bei allem Respekt – wenn ein neuer Supergitarrist

afroamerikanischer Abstammung bekannt wird und die Medien schreiben wieder einmal: „der neue Jimi Hendrix!"

Auch die Behauptung „Reinkarnation ist ‚wahr', weil sonst die Lebenserfahrung eines Menschen verlorenginge" ist bestenfalls Theorie. Denn dann müsste in Wiedergeborenen die Lebenserfahrung ihrer vorigen Inkarnationen noch immer erhalten sein, was noch nie belegt werden konnte (außer in Gerüchten und Hollywood-Filmen). Jeder Mensch hat auch ohne Reinkarnation die Möglichkeit, seine Lebenserfahrung an seine Mitmenschen oder Kinder weiterzugeben. Sorry: Reinkarnation konnte noch nie wissenschaftlich belegt werden. **Und in der Bibel stand *nie und steht nichts* von einer Reinkarnation drin.**

Achtung 2/2: die Reinkarnation darf nicht mit der „Wiedergeburt in Jesus" (= „echte" Taufe) verwechselt werden – hier der Unterschied:
Die „Wiedergeburt in Jesus" hat *nichts* damit zu tun, dass man nach seinem Tod in einem anderen Körper auf die Welt kommt. Mit „Wiedergeburt in Jesus" ist gemeint, dass man Christ wird, also eine Art Resetknopf = Neustart im Leben.
Das bezieht sich auf folgende Aussage von Jesus in
Johannes 3,3f: „*Wahrlich, wahrlich, ich sage dir: Wenn jemand nicht **von Neuem** geboren* wird, so kann er das Reich Gottes nicht sehen!"
Die Jünger bekamen damals einen Schreck und fragten daraufhin Jesus:
„*Wie kann ein Mensch geboren werden, wenn er alt ist? Kann er etwa zum zweiten Mal in den Leib seiner Mutter hineingehen und geboren werden?"*
Daraufhin erklärt Jesus die *Taufe = Wiedergeburt in Jesus* in
Johannes 3,5: „*Wenn jemand nicht aus **Wasser** und **Geist** geboren wird, kann er nicht in das Reich Gottes hineingehen."* *

> **Was soll denn das heißen: „*aus Wasser und Geist geboren*"?**
• **Mit „*Wasser*" ist hier die *echte, biblische Taufe* Taufe gemeint, griech. „baptizein" = „untertauchen".** Ein „übergießen" oder ein „bespritzen" mit Wasser ist – sorry – nicht biblisch. Auch die **Kindestaufe kann nicht in Jesu Sinne sein,** denn ein Kind kann sich nicht bewusst für Jesus entscheiden, was es für die Taufe tun und können sollte.
• **Mit „*Geist*" ist hier der *Heilige Geist* gemeint**, den Gott zur Taufe dazugibt und mit dessen Hilfe wir die Bibel begreifen und dass Jesus Gottes Sohn ist: **die/der Getaufte ist ein neuer Mensch: wiedergeboren in Jesus.**
• Mit dem äußerlichen Akt der Taufe stellt ein Mensch – als Zeugnis vor anderen Menschen – bewusst den Tod durch *Ertränken* seines alten Ichs dar.
• Und mit dem aus-dem-*Wasser*-steigen die *Auferstehung* seines neuen Ichs!
Denn *Wasser* ist in der Bibel oft eine Metapher für den Heiligen Geist.

Ein getaufter Mensch ist neu geboren: die neue Pia, der neue Janis – ab der Taufe beginnt Gott, die Getauften zu ihrem „Original" zu machen, so wie Er sie sich ursprünglich ausgedacht hat. Befreit von vergangenen Beeinflussungen und Verletzungen des Lebens, von denen die wahre Persönlichkeit und Individualität vieler Menschen verzerrt werden (s. auch Kap. 6.3, Schritt 3/7). **Der Heilige Geist wird nach der Taufe beginnen, uns zu inspirieren,** Ideen und die richtigen Worte zu schenken und bei Entscheidungen zu helfen – **ab dann gehören wir zu Gott, zu seinem Reich, sind aus *Wasser und Geist* neu geboren und Gott beginnt, unser Leben zu reparieren und zu voller Blüte und Erfüllung zu bringen. Wir sind wie von Neuem geboren: Wiedergeburt in Jesus = Taufe mit Wasser und Geist = Neustart im Leben.**

Christen glauben nicht an jeden Propheten – die Bibel kündigt für die Endzeit viele falsche Propheten an.
Ganz begeistert erzählte uns ein Esoteriker, dass er in Indien einen Mann getroffen hat, der angeblich Prophet und „die Reinkarnation von Jesus" sein wollte – tatsächlich! Dieser in Esoterikerkreisen ziemlich bekannte Mann wollte seine übernatürlichen Fähigkeiten damit demonstriert haben, indem er „aus der Luft" ein merkwürdiges Pulver „holte" und seiner Umgebung gratis verteilte. Bei genauerer Betrachtung riecht dieses Pulver, sieht so aus und fühlt sich auch so an wie ... geraspelte Seifenflocken. Es verhält sich auch so. Weiters – sorry – konnte uns niemand auf unsere Nachfrage eine Prophetie von ihm erzählen oder irgendetwas in die Richtung, was Jesus getan hat, z.B. Heilungen.
Wir segnen diesen Mann und seine Freunde.

Christen können nicht einem angeblichen Propheten glauben, der mangels Lese- und Schreibkenntnisse mit Hilfe seiner Mitmenschen ein Buch verfasst hat, in dem *keine einzige eigene* Prophetie steht, sondern nur eine aus der Bibel abgeschriebene Prophetie über die Endzeit, mehrere Male wiederholt. Darüber befragt, wollte der Prophet sein Buch als alleinige Prophetie verstanden wissen. Ein anderer populär selbsternannter Prophet wurde mit einem Buch voller angeblicher Prophetien weltberühmt – aber keine diese Prophetien enthalten Zeit-, Ort- oder Personenangaben, nur metaphorische Behauptungen, in die im Nachhinein etwas hineininterpretiert werden kann. Weiters astrologische Behauptungen, die äußerst fehlerhaft sind und über die sich sogar zeitgenössische „Profi"-Astrologen lustig machten (Gott warnt in der Bibel vor Astrologie! S. Kap. 3.1). **All die oben genannten Fakten brauchen Christen nicht zu glauben. Denn** sie haben ja die Bibel, die mit ihren wahrgewordenen Ankündigungen (präzise = verbindliche Zeit-, Orts- und Namenangaben) ihre einmalige Souveränität beweist.

Christen können nachweisen, dass die Bibel nicht verfälscht wurde, auch wenn das immer wieder behauptet wird. Z.B. behauptet ein angeblicher Prophet in seinem Buch, dass „niemand die Worte [seines] Gottes* verändern kann" (*damit meinte er nicht den Gott der Bibel! Anm.), aber an anderer Stelle, dass [sein] „Gott den Juden und Christen die Bibel gegeben hat, aber diese die Bibel verfälscht haben", sagt aber nicht, an welcher Stelle und was dort gestanden sein soll. Ein heißdiskutiertes Thema im Internet – „Widerspruch", „unglaubwürdig", so viele der Reaktionen. **Eine „Verfälschung" der Bibel kann nur belegen, wer eine unveränderte „Original-Bibel" herzeigen und beweisen kann, dass diese das ältere Original ist.** Das konnte bisher niemand. Verschwörungstheoretiker behaupten, so eine „Original-Bibel" liegt in den Katakomben des Vatikan, gleich neben X-Akten über abgestürzte UFOs in der Area 51, ein paar verstaubten Madonnenberichten über das Ende der Welt und Wahrheit über die Mondlandung ... Quatsch, Ironie Ende, natürlich nicht! **Belege zur Unveränderheit der Bibel in Kap 2.7**

Christen glauben nicht spirituellen Gesinnungen, die Frauen diskriminieren oder gar unterdrücken:
Ausgerechnet ein berühmter Religionsgründers einer lt. Meinung vieler Menschen angeblich „sanften Reinkarnations-Religion" sagte einst: „Man soll sich vor den Frauen hüten. Auf eine kluge kommen tausend dumme oder schlechte. Der Charakter der Frau ist verborgener als der Weg, den der Fisch im Wasser nimmt. Sie ist wild wie ein Räuber und ebenso hinterhältig. Nur selten spricht sie die Wahrheit: Für sie sind Wahrheit und Lüge dasselbe", weiters: „... dass der Fortbestand der [Name dieser Religion] Lehre um 500 Jahre vermindert würde, sollte Frauen erlaubt werden, einen Orden zu gründen."
In einer anderen Religion sagte ein angeblicher Prophet lt. Überlieferung: „Es ist erlaubt, mit gefangenen Frauen sexuellen Verkehr zu haben ... wenn sie verheiratet war, ist ihre Ehe aufgehoben." „... Die Hölle ist für Dummköpfe geschaffen; die Frauen sind die dümmsten unter den Dummköpfen", weil sie „undankbar sind", „Mangel an Intelligenz und religiösem Einsatz" haben und können „Männer in die Irre führen". Ein führender Politiker dieser Religion meinte 2016 öffentlich: „Frauen müssen einer totalen Kontrolle unterstellt werden", alles andere sei ein „Verbrechen gegen [diese Religion]".

Christen glauben an die Anweisung der Bibel, dass Männer & Frauen gleichberechtigt sind.
Epheser 5,21f: *„Ordnet euch* [Männer *und* Frauen!] *aus Achtung vor Christus bereitwillig* **einander** *unter. Ihr Ehefrauen sollt euch euren Männern unterordnen, so wie ihr euch dem Herrn unterordnet … Und ihr Ehemänner, liebt eure Frauen mit derselben Liebe, mit der auch Christus die Gemeinde geliebt hat!"*
Und wie hat Jesus die Gemeinde geliebt?
Selbstlos bis in den Tod – so sollen Eheleute lt. Jesus einander lieben.

Christen glauben nicht an jeden Propheten – schon gar nicht, wenn diese zu absoluter Intoleranz gegenüber Andersgläubigen aufrufen.
So forderte ein angeblicher Prophet seine Gläubigen auf: „Haut den Andersgläubigen die Köpfe ab, wo **immer** (!) ihr sie findet … und die Enden ihrer Finger, weil sie [dem Gott dieser Religion und seinem angeblichen Propheten] widerstrebten!" „Freundet euch nicht mit Andersgläubigen* an, vor allem nicht mit Juden und Christen" oder „… mein Reichtum wird vom Schatten meines Schwertes kommen … und wer mir widerspricht, der wird gedemütigt und verfolgt werden!" ***Wie soll so Integration funktionieren?**
Diese Aussagen sind mehrere Jahrhunderte nach Jesu Aufforderung „liebet eure Feinde, segnet, die euch hassen" ausgesprochen worden. Wieso?
Ein Spitzenpolitiker, Gläubiger dieser anderen Religion, bekannt für seine Holocaust-Leugnungen, sagte öffentlich: „… kaufe Dir ein Gewehr … Gewehre lassen die Feinde [unserer Religion] verstummen! Wir kennen keine absoluten Werte außer der totalen Unterwerfung unter den Willen [des Gottes dieser Religion]. Die Christen und Juden sagen: Du sollst nicht töten! Wir aber sagen, dass das Töten einem Gebet an Bedeutung gleichkommt, wenn es nötig ist. Täuschung, Hinterlist, Verschwörung, Betrug, Stehlen und Töten sind nichts als Mittel für die Sache [des Gottes dieser Religion]!"

Ebenfalls ein Auslöser emotionalster Diskussionen: der angebliche Prophet dieser Religion beansprucht ein Land (dessen Hauptstadt in seiner lt. ihm heiligen Schrift gar nicht erwähnt wird), das bereits 2.000 Jahre davor einer *anderen* Kultur zum Segen *aller* Menschen versprochen wurde. In seinem Buch erzählt er von einer angeblichen „geheimnisvollen Reise" zu einem in besagter Hauptstadt befindlichen spirituellen Gebäude – seine Anhänger bauten dieses Gebäude aber erst mehr als 70 Jahre *nach* dem Tod des angeblichen Propheten in dem beanspruchten Land auf, um *im Nachhinein* einen Bezug dazu zu konstruieren! Welches Gebäude kann der angebliche Prophet dann in seinem Buch gemeint haben? Sein eigener Geschichtsschreiber (!) erzählt, dass das Gebäude, dass der angebliche Prophet beschreibt, ca. 1.000 Kilometer *außerhalb* des beanspruchten Landes steht! **Deswegen glauben Christen nur an die Bibel.** So sind Christen auch sämtliche Kampfsport- oder Kriegs-Aspekte fremd.

Bedenklich: die großen Weltreligionen (*nicht* das Christentum!) kündigen einen Heiligen Krieg an, mit dem sie letztendlich alle anderen Kulturen niederringen. Die Bibel erzählt, dass am Ende der Zeiten die Nationen das Zentrum der Christenheit, Jerusalem, angreifen werden.
Der christliche Bonus für alle anderen Kulturen: dann kommt Jesus mit einem Himmlischen Heer, wird die Angreifer zurückdrängen,
und Jesus & Jerusalem werden zum Segen für *alle* Menschen *aller* Nationen!

Der Begriff Religion heißt „Beachtung von Vorschriften".
Christentum ist keine Religion – Christentum ist praktizierte Liebe.

Christentum = die Anordnungen Jesu zu Gewaltlosigkeit und Liebe sind = einzig wirklich friedliche bzw. sanfte Lösung aller Probleme dieser Welt.
Denn Jesus ordnet allen Menschen unmissverständlich an in
Lukas 6,27: *„liebet eure Feinde, tut Gutes denen, die euch hassen, segnet, die euch fluchen; betet für die, die euch beleidigen!"*

Die Juden hatten im Alten Testament 613 Gesetze inkl. der berühmten 10 Gebote, die jeder kennen sollte („Du sollst nicht lügen", „nicht töten", etc. ...)
***Jesus persönlich* fasst diese 613 Gesetze und die 10 Gebote zu nur 2 Geboten zusammen – das berühmte „Doppelgebot der Liebe" in**
Markus 12,29: *„Der Herr, unser Gott, ist der einzige Herr. Und du sollst den Herrn, deinen Gott, von ganzem Herzen, von ganzer Seele, mit all deinen Gedanken und all deiner Kraft lieben. Das zweite ist ebenso wichtig: `Liebe deinen Nächsten wie dich selbst.' Kein anderes Gebot ist wichtiger als diese beiden."*

*Christen lernen durch ihren Glauben, dass Jesus Gottes Sohn ist, jetzt schon Gott persönlich kennen und werden ewig mit Ihm leben. Alle anderen Menschen werden Gott & Jesus sehen, wenn Jesus zurückkommt. **Jesus bietet allen Menschen aller Kulturen ewiges Leben an.** Nur durch Glauben, dass Jesus Gottes Sohn ist – das bietet nur das Christentum und kann all das belegen. Nur so wird die ständige Spirale des Hasses, der Rache, der vielen Konflikte in der Menschheit unterbrochen.*
Nur so, nur durch Jesus bleibt die Liebe über.

5.0 Jesus und die ständig gleichen Missverständnisse: Kreuzzüge? Hexenverbrennungen? Kindesmissbrauch? Warum lässt Gott Katastrophen zu?

5.I Jesu Botschaft: Liebe
Was Menschen daraus machen: ein Graus

Die Botschaft von Jesus ist eindeutig: selbstlose Liebe, teilweise bis zur Selbstaufgabe. Christen sind verpflichtet, sogar Feinde zu lieben, sagt Jesus in **Lukas 6,27**: *„Aber euch, die ihr hört, sage ich: **Liebt eure Feinde;** tut wohl denen, die euch hassen, segnet, die euch fluchen; betet für die, die euch beleidigen! Dem, der dich auf die Backe schlägt, biete auch die andere dar; und dem, der dir den Mantel nimmt, verweigere auch das Untergewand nicht! Gib jedem, der dich bittet; und von dem, der dir das Deine nimmt, fordere es nicht zurück! Und wie ihr wollt, dass euch die Menschen tun sollen, tut ihnen ebenso! Und wenn ihr liebt, die euch lieben, was für einen Dank habt ihr? Denn auch die Sünder lieben, die sie lieben ...“*
Bitte lesen Sie diese Worte Jesu in Ihrer Bibel weiter.

Nun wurden aber von angeblichen „Christinnen und Christen“ Gräueltaten verübt: Kindesmissbrauch, Kreuzzüge, Hexenverbrennungen. Zwangsevangelisation. Gräueltaten von Menschen aus „christlichen“ Ländern in ihren Kolonien in Afrika, Asien etc.
Es stellt sich die Frage: **Waren das wirklich echte Christinnen und Christen?**
Ist jemand Christ, der *nicht* die Liebesbotschaft Jesu befolgt?

Wenn wir uns eine Meinung über Religionen bilden wollen, müssen wir ihre „Betriebsanleitungen“ lesen und nicht, was Menschen daraus machen!
Wir werden nun diese ständig gleichen Vorwürfe der Reihe nach klären:

5.2 Kreuzzüge? Hexenverbrennungen? Kindesmissbrauch?

Immer wieder wird den Christen „... und die Kreuzzüge?" von Menschen vorgeworfen, die diesen Vorwurf von anderen gehört haben, aber nach Interviews und genauerem Nachfragen des WithJesus-Teams eher den Eindruck hinterließen, weder von den Hintergründen irgendeine Ahnung haben noch es für wert zu befinden, sich mit der Geschichte objektiv zu beschäftigen.

Hier die historische Chronologie zu den Kreuzzügen:
Im Jahre 639 n. Chr. wurde Jerusalem von islamischen Arabern erobert. *Islamische* Araber? Die arabische Halbinsel war vor der islamischen Eroberung hauptsächlich christlich, jüdisch und heidnisch geprägt. Mohammed rief um ca. 620 im polytheistischen Mekka einen neuen Monotheismus nach seinen Vorstellungen aus, die Mekkaner fühlten sich bedroht, griffen ihn an und Mohammed musste vor ihnen am 16. Juli 622 n. Chr. inkl. seines Gefolges nach Medina flüchten. Das war der Beginn der islamischen Zeitrechnung, auch „n.H." = „nach Hidjra" genannt. Dort behauptete Mohammed bald, von Allah die Erlaubnis bekommen zu haben, den Islam durch den Dschihad (Heiliger Krieg) zu verbreiten[26]: „rüstet euch, soviel ihr an Kriegsmacht und Streitrossen aufzubringen vermögt, um damit Gottes und eure Feinde einzuschüchtern ... Wenn ihr mit einer Gruppe von Ungläubigen (Mohammed meinte Andersgläubige*, Anm.) zusammentrefft und es zum Kampf kommt, seid standhaft ..." (Sure 8,45f). So wurde Mekka erobert, arabische und jüdische Stämme vernichtet – außer diese bekehrten sich zum Islam.

Noch zu Lebzeiten Mohammeds attackierten erstmals, wenn auch erfolglos, Moslems israelisches Gebiet, damals Palästina genannt (Erklärung S. 25). Ab einem Jahr nach Mohammeds Tod (632) war der Vormarsch der arabischen Truppen nicht mehr aufzuhalten: die Moslems profitierten von Zerwürfnissen innerhalb des Oströmischen Reiches, von dessen Erschöpfung vom Kampf gegen die Perser (Sassaniden), der Rivalität gegen das Weströmische Reich und von den Folgen der Justinianischen Pest: diese tötete in mehreren Wellen ab Mai 541 in beiden Reichen, auch in Nordafrika bis England, zumindest ein Viertel, nach manchen Quellen sogar die Hälfte der Bevölkerung! Damit fehlten massiv Steuereinnahmen und Soldaten, was 639 die islamische Eroberung Ägyptens und 638 die Besetzung Jerusalems durch die Umayyaden ermöglichte.

26 Ibn Ishaq, S. 280, in Gabriel, Mark, "Jesus und Mohammed", 1. Auflage 2006, S. 72ff

Mit der Besetzung Jerusalems begannen Mohammeds „Nachfolger" den Nahostkonflikt, der im Grunde bis heute andauert. Zunächst wurde den Juden und Christen in Jerusalem und Umgebung mehr Freiheit in ihrem Leben und in der Ausübung ihres Glaubens gelassen als in den Zeiten der oströmischen Besatzung davor. Mit den Jahren übten die verschiedenen islamischen Besatzer (die sich teilweise auch untereinander erbittert bekriegten) immer mehr Druck auf Juden und Christen aus, diskriminierten sie mit der islamischen Strafsteuer für Andersgläubige, zwangen Juden, Merkmale an Kleidern zu tragen (ähnlich wie im Nationalsozialismus). Juden durften keine Pferde besitzen etc.

DER AUSLÖSER FÜR DIE KREUZZÜGE: anfangs noch von den islamischen Besatzern bewahrt, wurde ca. 1009 n. Chr. durch den Fatimiden-Kalif al-Hakim die Grabeskirche Jesu und das Heilige Grab gebrandschatzt und später abgerissen!
(Übrigens: überraschend viele Fachleute sind der Meinung, dass es sich tatsächlich um den Hügel Golgota und das echte Grab von Jesus handelt).

Papst Urban II. rief 1095 zum „justum bellum", den „gerechten Krieg" auf. In mehreren Wellen eroberten Kreuzfahrer Jerusalem zurück, verloren es wieder, weil Nachschub aus Europa über diese Distanzen kaum möglich war.

Aus militärischer Sicht war es ein „legitimer Verteidigungskrieg", weil er weder von Juden noch Christen begonnen wurde. Das wurde durch Studien belegt.

Die Kreuzfahrer waren keine Christen, denn sie agierten nicht christlich, schon gar nicht wie „erweckte", also echte Christen.
Der Papst, der die Kreuzzüge anordnete, hätte die Botschaft Jesu in der Bibel kennen sollen – und **Jesus befiehlt absolute Gewaltlosigkeit.**

Es gab nie einen „Heiligen Krieg" von Christen! Menschen, die so etwas tun, sind keine Christen! Jesus hat das verboten! (Johannes 18, 10 & 11)

Das Volk Israel hat Muslimas und Moslems viele Angebote gemacht, in Frieden in Israel zu leben. **Deshalb ...**
... beten *echte* Christen, dass Juden, Christen und Moslems – in der Reihenfolge ihrer „Ankunft" in Israel – eine dauerhafte harmonische Lösung im Heiligen Land miteinander finden können!
Mehr Info Kap. 6.3.

Hexenverbrennungen

Ein dunkles Kapitel, nicht nur mehrerer Kirchen, sondern der Menschheit. Denn: **nirgendwo in der Bibel steht, dass irgendwer gefoltert werden soll.** Aber immer wieder auf dieser Welt attackieren Menschen Minderheiten oder Menschen, die anders sind. Nur im Alten Testament gibt es Todesurteile für gewisse Vergehen und zu Beginn des ATs eine Passage in 2. Mose, 22,17 und im 5. Mose 13, in der für Zauberer unter den Israeliten das Todesurteil angeordnet wurde, die Ihre Glaubensgeschwister zur Anbetung anderer Götzen verleiteten.

Jede Form verordneter Gewalt ist für echte Christen ein No-Go, obige Bibelstellen aber im Kontext der damaligen Zeit zu sehen: überall war immer wieder Krieg, die Israeliten mussten aufgrund der permanenten Bedrohung durch ihre Nachbarvölker unter allen Bedingungen zusammenhalten – jede Schwäche, jeder Abfall von ihrem Glauben konnte Feinde der Israeliten stärken.

Aber die Hexenverfolgungen fand *nach* Jesus statt, d.h. in der Zeit des Neuen Testaments – im Mittelalter noch härter zu handeln als zur Zeit des Alten Testaments ist nicht christlich, sondern unchristlicher Irrwitz!

Die Hexenverfolgung ließ willkürliche Verfolgung zu: wer Rache an jemand verüben wollte und bessere Kontakte zu Obrigkeiten oder mehr Geld hatte, erstattete Anzeigen wegen angeblich gesehener okkulter Umtriebe der späteren Opfer. Diese mussten ihre Unschuld beweisen, was man „verkehrte Beweisführung" nennt – im Gegensatz zum heute üblichen „in dubio pro reo", also im Zweifel *für* den Angeklagten. Die Folterungen waren bestialisch und noch perverser war, dass in manchen Fällen penibel Protokoll verfasst wurde, selbst über die Verzweiflungsschreie der Gepeinigten.

Das Böse an der Hexenverfolgung waren die Verfolger! *Und diese waren keine Christen,* selbst, wenn sie sich als Christen bezeichneten – denn ein echter Christ macht so etwas nicht! Jesus befiehlt Liebe, sogar für Feinde!

Kindesmissbrauch

Bitte bitte verzeihen Sie unsere sehr direkte Wortwahl:
Sind Christen „KinderfiXXer" oder „MinistrantenfiXXer"?
Sie ahnen, was hier statt den beiden „X" steht und was damit gemeint ist.

Aber genau diese Ausdrücke hörten wir in den letzten Jahren allzu oft!
Besonders aus katholischen Einrichtungen werden Vorfälle von Missbrauch Minderjähriger berichtet: das Zölibat sei schuld, die Verantwortlichen könnten ihr sexuelles Verlangen aufgrund jahrelang aufgestauter Unbefriedigtheit nicht mehr kontrollieren und fielen über die Kinder her.
Tatsächlich gibt es dazu drei Punkte:

1/2   Zölibatäres Leben wird in der ganzen Bibel nicht verlangt!
       Paulus *empfiehlt* sogar die Ehe:
Das oder der Zölibat (lat. „caelebs") bedeutet „alleine bzw. unverheiratet lebend" oder „ehelos" und geht höchstwahrscheinlich auf die Synode von Elvira 306 n. Chr. zurück. Es sind nicht alle christlichen Priester zum zölibatären Leben verpflichtet: Priester der östlichen Teilkirchen nur während der Weihe; evangelische, anglikanische und altkatholische dürfen heiraten.

Nur Paulus *empfiehlt, nicht verpflichtet,* speziell in einer Bibelstelle (1. Brief an die Korinther, Kap. 7), für Gott alleine zu bleiben, nicht mehr. Sonst empfiehlt Paulus das Alleinesein *höchstens eine Zeit lang,* zum persönlichen Rückzug, für eine zeitlich begrenzte Einkehr bei Gott, zum Fasten, zu Besinnung und Gebet. Denn Paulus wusste um die Schwachheit der Menschen, siehe
1. Korinther 7,2-5: *„Aber **um Unzucht zu vermeiden, soll jeder seine eigene Frau haben und jede Frau ihren eigenen Mann** ... Entziehe sich nicht eins dem andern, es sei denn **eine Zeit lang,** wenn beide es wollen, damit ihr zum Beten Ruhe habt; und dann kommt wieder zusammen, damit euch der Satan nicht versucht, weil ihr euch nicht enthalten könnt."*

Aber hey, ach du Güte, was steht denn hier:
Matthäus 8,14-15: *„Und als Jesus in das Haus des **Petrus** kam, sah er, daß dessen **Schwiegermutter** ... Fieber hatte ..."*
Hey Leute, der angebliche „Gründer" der Katholiken, Petrus, hatte eine *Schwiegermutter!* Das heißt ja, er war – verheiratet! Skandal! (Scherz :-))

2/3   Weitere Stellen, in der die Bibel die Ehe empfiehlt:
1. Mose 2,18: *„Und Gott der HERR sprach: **Es ist nicht gut, dass der Mensch allein sei;** ich will ihm eine Gehilfin machen, die um ihn sei."* (das gilt natürlich auch für die Frau: für sie gibt's einen Mann :-))
Prediger 4,10: *„Denn wenn sie fallen, so hilft der eine dem anderen auf; wehe aber dem, der allein ist, wenn er fällt und kein Zweiter da ist, um ihn aufzurichten!"*

3/3 Zahlreiche Studien belegen, dass das Zölibat pädophile Neigungen nicht beeinflusst, sondern dass bereits pädophil veranlagte Menschen eher vom Zölibat angezogen werden.

**Die Bibel befiehlt eindeutig Schutz für die Kinder! Bitte lesen Sie
1. Korinther 6,9:** *„Weder Unzüchtige noch Götzendiener, weder Ehebrecher noch Weichlinge, noch **Knabenschänder,** weder Diebe noch Habsüchtige, noch Trunkenbolde, noch Lästerer, noch Räuber werden das Reich Gottes erben."*
Matthäus 18,6: *„Wer aber einen dieser Kleinen, die an mich glauben, zum Bösen verführt, für den wäre es besser, dass ein Mühlstein um seinen Hals gehängt und er ersäuft würde im Meer, wo es am tiefsten ist."*

Der Inhalt der Bibel verbietet dezitiert, Kinder zu verletzen und kündigt Kinderschändern schlimmste Konsquenzen an! Basta!

Jesus-Nazis? Waren „Christen auch Nazis"? Nein!

Waren Hitler und die Nazis auch Christen? Nein – eine verhetzende Lüge!
Immer wieder werden Christen mit dieser Lüge konfrontiert, mit der Manche das Christentum schlecht machen wollen. Leider hörte das WithJesus-Team diese Unwahrheit oft von Jugendlichen speziell *einer* anderen Religion – es entstand der Eindruck, dass hier gezielt gegen Christen aufgehetzt wird.
Auch wenn Nazis „Gott mit uns" schrieben und das Kreuz als Zeichen missbrauchten: sie waren nie Christen, denn sie handelten nicht wie Jesus!
Sog. **„Rechts-Christen"**, gerne in Texas und Umgebung zu Hause, hegen rassistische Gedanken und behaupten u.a. „alle Andersgläubigen kommen in die Hölle", was nicht im Geringsten der Bibel entspricht! Ergo: keine Christen.

Der wahre, radikale Christ tötet nicht Menschen, sondern rettet Leben, selbst unter Lebengefahr! An dieser Stelle sollen jetzt nur einige wenige von tausenden Christen erwähnt werden, die trotz der Gefahr, von den Nazis ermordet zu werden, Leben retteten:
Bischof Clemens August Graf von Galen behinderte nationalsozialistische Mordaktionen gegen Behinderte. Der katholisch erzogene spätere Kriegsgewinnler, Frauenheld, aber gläubige[27] **Oskar Schindler** entsann sich christlicher Werte und rettete über tausend Juden das Leben; die **Studentinnen**

---

27 Welt.de Online, Facius, Gernot, „Das späte Erbe des Retters", https://www.welt.de/print-welt/article587926/Das-spaete-Erbe-des-Retters.html, 18.10.1999, abger. am 27.3.2018

und Studenten der „Weißen Rose" riefen ihre Mitmenschen mit Flugblättern zum Widerstand gegen die Gräuel auf und wurden enthauptet.

Viele Pastoren wurden wegen **Hilfe für die Juden** und Protest gegen Judenverfolgung in den Konzentrationslagner der Nazis inhaftiert und oft bestialisch ermordet: **Paul Schneider**, der „Prediger von Buchenwald", **Dietrich Bonhoeffer** u.v.m. Im „Priesterblock" des KZ Dachau und anderen KZ wurden hunderte Ordensschwestern und Ordensbrüder ermordet, nur weil sie Jesus und nicht Hitler folgten. Kennen Sie **Corrie ten Boom**? Diese Heldin des Christentums rettete in einem Geheimraum hinter ihrem Schlafzimmer vielen Juden im besetzten Holland das Leben, wurde verraten, inhaftiert, überlebte aber die Folter im KZ – ihre Schwester wurde jedoch ermordet.

5.3 „Warum lässt Gott Katastrophen zu?" Was ist Sünde, was die Hölle?

Bei allem Respekt, eine treffende Antwort auf obige Frage: wenn Sie mit einem Reifenplatzer am Straßenrand liegenbleiben und den Pannendienst nicht anrufen, ist das weder die Schuld des Autoherstellers noch des Pannendienstes, wenn Sie auf Hilfe warten müssen. Wenn sie Hilfe wünschen, sollten Sie so schnell als möglich anrufen – der Pannendienst ist für Sie da.

Genauso ist Gott für uns da, aber viel zu viele Menschen lassen Ihn *noch immer nicht* in ihr Leben – indem sie den Glauben an Jesus als Sohn Gottes annehmen, was ihre Verbindung zu Gott wiederherstellen würde. Und genau das ist die häufigste Ursache, warum Menschen in Not kommen und in einer gefallen Schöpfung leben, in der es Krankheit, Elend, Hass, Unglücke und vieles mehr gibt (so schön es hier auf der Erde auch sein kann).

Wie wir maximalen Segen, Schutz und Hilfe von Gott bekommen können (den Gott uns sowieso geben will!), **steht in Kapitel 6.3.**

„Warum hat Gott dies oder jenes Schlechte nicht verhindert?" fragen Viele. Antwort: **weil wir Gott meist zuwenig Anrecht geben, um uns zu helfen! Ein Geschenk Gottes an uns ist unser *freier Wille* – wir können uns *für* oder *gegen* Gott entscheiden – Er wird es respektierten.** Das meiste Schlechte, dass uns auf Erden passiert, ist von Menschen verursacht. Aber auch Naturkatastrophen oder Unfälle, für die niemand Schuld trägt, fordern Opfer. Doch auch hier könnte Gott mehr schützen, wenn man Ihn ließe.

Das sind die Gründe für Unglücke, die manche von uns treffen:

1/3 Erbsünde & Sünde: Eva wurde von der Schlange verführt, trotz Gottes Verbot vom Baum der Erkenntnis einen Apfel zu essen. Auch Adam ließ sich dazu verführen. Beide wurden daraufhin von Gott aus dem Paradies geworfen. Wir wissen nicht genau, wie das 100%ig genau abgelaufen ist, da der Text eher als Offenbarungstext zu sehen ist, aber die Folge der Sache ist der Sündenfall: **wir leben hier auf der Erde *getrennt von Gott* – *DAS* ist der ursprüngliche Bedeutung des Wortes „Sünde" und *NICHT* „etwas Unanständiges oder Böses tun".** Böses zu tun *verursacht* Sünde = Trennung von Gott. **Wenn wir die Anweisungen von Jesus für unser Leben missachten (10 Gebote befolgen, Vergebung, Feinde segnen etc.) dann schließen wir Gott, Seine Hilfe, Schutz und Segen aus unserem Leben aus.**

2/3 Schuld und Vorfahrensschuld/vererbte Sünde: wenn z.B. ein Großvater auf betrügerische Art und Weise ein Grundstück in seinen Besitz bringt, müssen zwar die Enkeln nichts davon wissen, profitieren aber von gestohlenem Geld im Familienbesitz – das entzieht Gott das Anrecht, die Enkeln zu segnen! **Dieses Prinzip gilt für Personen, Familien, Gruppen oder ganzen Nationen!** Wenn z.B. Deutschland im dritten Reich Vermögen von Juden gestohlen hat oder Kolonialländer wie England oder Frankreich Menschen in ihren Kolonien ausgebeutet haben, um damit z.B ihre Industrie oder Sozialsysteme zu finanzieren, profitieren ganze Bevölkerungsschichten davon, ohne es zu merken. Und auch wenn aus diesen Zeiten eines Tages niemand mehr leben wird, so trägt die Bevölkerung dieser Länder die Schuld *als Nation* – denn dort ist dieses „blutige" Geld noch immer versickert. Und welche Nation ist schon schuldlos? **Aber das gilt auch für spirituelle oder emotionale Vergehen:** Okkultismus, sexuelle Gewalt, verweigerte Hilfe, Nationalismus, Nationalsozialismus, Alkohol- und Drogenabhängigkeit, Pornographie, Habsucht, übertriebenes Sicherheitsdenken (= Misstrauensantrag gegen Gott!), all das verursacht Sünde. **Konsequenzen einer Schuld tragen auch nachfolgenden Generationen:** Aus dem Unsegen eines unehrlich erworbenen Profits wird irgendwann Verlust, Streit, Krankheit, Elend, Zerwürfnis und im schlimmsten Falle Krieg. **Langzeitfolgen von Sünde können an wiederkehrenden Mustern seit Generationen erkennbar sein,** wenn z.B. manche Familien „immer Pech haben": Krankheiten, Depressionen, gescheiterte Ehen, Beziehungsunfähigkeit, Arbeitslosigkeit, Suchtprobleme mit Drogen, Alkohol, Geld oder Macht, existenzielle Probleme u.s.w. **RAUS, ab in die Freiheit mit Jesus! Siehe Kap. 6.3**

3/3 Hiob-Prüfung, „Stachel im Fleisch", plötzlicher Tod: wenn wir die Hiob Geschichte in der Bibel lesen, sehen wir, dass Hiob vom Teufel versucht wurde, aber trotz aller Prüfungen zu Gott gehalten hat. Eine Hiob-Prüfung ist selten, aber **oft bekommt Gott spirituell *mehr* Anrecht, auf dieser Erde den Menschen zu helfen als vom erfolgreichsten Fernsehpastor Amerikas, wenn Christinnen und Christen trotz widrigster Umstände zu Gott halten.**
Vom „Stachel im Fleisch" erzählt uns Paulus in
2. Brief an die Korinther 12, 7: *„Und damit ich mich wegen der außerordentlichen Offenbarungen nicht überhebe, wurde mir ein **Pfahl fürs Fleisch** gegeben, ein Engel Satans, dass er mich mit Fäusten schlage, damit ich mich nicht überhebe."*
Was, Paulus, einer der größten Verkünder der Liebesbotschaft Jesu, hatte einen *„Stachel im Fleisch"*? Ja, denn er war ein von Gott mächtig gesalbter Mann, aber Gott wusste, dass Paulus sich über seine Mitmenschen überheben und von Ihm „abdriften" würde, wenn Paulus nicht eine Art „Bremse" in seinem Leben bekommen würde. **Im kleinen Maßstab müssen Eltern manchmal Ihrem Kind etwas verbieten,** um es vor Schaden zu bewahren und das Kind heult „Rotz und Wasser" über die bösen Eltern: nicht noch mehr Schokolade, kein Eis am Abend, und das 17jährige Mädchen muss „schon" um 23.00h von Papa von der Disco abgeholt werden – wie peinlich! :-)
Das heißt:
Im großen Maßstab muss Gott uns manchmal Grenzen im Leben setzen.
Dann gelingen plötzlich Pläne nicht, wir erleiden Rückschläge. Firmenchefs, die Christen werden, verlieren durch von Gott herbeigeführte Änderungen in ihrem Leben schon mal ihren Posten. Ein eitler Profi-Gitarrist, soeben Christ geworden, muss die Gitarre für zwei Jahre gegen einen anderen Job tauschen. Gott lässt solche Änderungen manchmal zu, damit Menschen lernen, sich in ihrem neuen Leben auf Ihn zu konzentrieren, Beziehung und Vertrauen mit Ihm entwickeln zu können, die Füße auf den Erdboden zu bekommen, um nicht überheblich zu werden. Denn das passiert schneller, als man denkt: wenn den Menschen viel gelingt, vergessen sie schnell, wie Gott sie versorgt und glauben, alles ohne Gott schaffen zu können. Paulus war das bewusst!
Das WithJesus-Team kennt einen seit langer Zeit krebskranken jungen Mann, der sagt: „wenn ich die Krankheit nicht bekommen hätte, wäre ich wegen meines früheren Lebenswandels ohne Jesus schon tot – aber dann würde ich die Ewigkeit nicht mit Jesus und meinen Liebsten im Paradies verbringen ..."
Manchmal sterben unschuldige Menschen oder unschuldige Kinder und manchmal auch Christinnen und Christen plötzlich, unerwartet oder auf tragische Weise. Deshalb werden wir oft gefragt : „Aber wenn sogar Christen

nicht beschützt werden, welchen Sinn hat dann Christsein?" Versetzen wir uns in Gottes Lage: **was will Gott? Er will die Ewigkeit mit uns im Paradies (= Himmel) verbringen!** Doch Er weiß schon *vorher* (so konnte Er uns auch die Prophetien der Bibel schenken), dass manche Menschen komplett von Ihm abdriften würden. Also ruft Gott manche Menschen vorzeitig zu sich, bevor Er sie nicht mehr erreichen könnte. Klar könnte Er uns Seinen Willen aufzwingen und uns das „perfekte Leben" ermöglichen, aber dann wären wir Marionetten und nicht die Menschen, die sich frei für Jesus entscheiden können.

Gibt es die Hölle?

Viele Menschen wollen sich nicht vorstellen, dass es eine Hölle gibt, in der manche Menschen für den Rest der Ewigkeit leiden werden. Was sagt die Bibel?
Altes Testament: Daniel 12,2: „*Und viele von denen, die im Land des Staubes schlafen, werden aufwachen; die einen zu ewigem Leben und die anderen zur Schande, **zu ewigem Abscheu**. Und die Verständigen werden ... leuchten wie die Sterne immer und ewig.*"
Neues Testament, Matthäus 13,41: „*Der Menschensohn* [Jesus, Anm.] *wird seine Engel aussenden, und sie werden aus seinem Reich alle Verführung ... herausreissen und sie werden sie in den Feuerofen werfen; dort wird Heulen und Zähneklappern sein.*"
Die Bibel sagt definitiv, dass leider nicht alle Menschen in den Himmel kommen. **Wer sich *ehrlich* an Jesus Christus wendet, dem sind alle Sünden vergeben, siehe Kap. 6.3 dieses Buches. Wer Jesus nie kennenlernen konnte, wird nach dem Gewissen und der Herzenseinstellung gerichtet**: ein Kind oder ein Menschenfleisch verspeisender Eingeborener im Dschungel oder Kindersoldaten haben, sagen wir mal, eine „eigene" Vorstellung von richtig und falsch und sind sich nicht immer bewusst, dass er/sie anderen Menschen Leid antun. **Aber Menschen, die Gott oder Jesus bewusst ablehnen, leben in Sünde:** nicht, weil sie stehlen, heimlich onanieren, Pornofilme schauen oder ein bisschen steuerfrei dazuverdienen, sondern weil sie mit ihren Taten bzw. ihrer Geisteshaltung *dahinter* **Trennung von Gott verursachen – *DAS* ist die ursprüngliche Bedeutung des Begriffs „Sünde":** *getrennt sein von Gott!*

In der Praxis kann man sich das so vorstellen:
Sie treffen in der Wüste einen Verdurstenden und wollen ihm den Weg zur Quelle zeigen, doch dieser lehnt aus Stolz, Misstrauen oder Besserwisserei ab ... und verdurstet. Ist das Ihre Schuld oder die der Quelle? Nein. So ist es auch

nicht Gottes Schuld, wenn die Menschen Gott und Seine Segensangebote ablehnen, deswegen ein unglückliches Leben führen und nach ihrem Tod den Zugang zum ewigen Leben in Gottes Liebe verfehlt haben. Gott respektiert den freien Willen dieser Menschen und bekommt aufgrund ihrer Herzenshaltung keinen Zugang zu ihnen. Und so werden viele Menschen verlorengehen ... leider! :-(

Theoretisch kann auch ein Mörder, der bereut und Jesus als Sohn Gottes und seinen persönlichen Retter (an-)erkennt, erlöst werden und in den Himmel kommen. Aber manche Menschen, die etwas verbrochen haben, verkraften diese Taten oft nur, indem sie verdrängen, dass der Mensch ein ewig lebendes Geschöpf ist und sie z.B. damit zu rechnen haben, ihre Opfer im Jenseits wieder zu sehen und somit auch Gott. Sie verdrängen den Faktor der Übernatürlichkeit und die Tatsache eines lebendigen Gottes, schaffen es nicht, zu bereuen und können deswegen Jesus Christi Opfer am Kreuz nicht in Anspruch nehmen und ... versperren sich so den Weg in den Himmel. In einem Satz:

Nicht Gott versperrt Menschen den Zugang zum Himmel, sondern die Menschen – im Grunde bauen sich viele Menschen die Hölle selbst.
Die *Hölle* ist weniger ein Ort, eher ein Zustand: *getrennt von Gott*.

Ein Christ des WithJesus-Teams stand in einem prophetischen Traum höchstwahrscheinlich vor den Toren der Hölle, *kurze Zeit, bevor er sich für Jesus entschied (!):* „Ich übernachtete im neuen Haus eines Freundes und betete für einen Traum, der mir zeigen sollte, was die Zukunft bringt – viele Menschen kennen diese ‚Tradition'. Am nächsten Morgen ertappte ich mich dabei, dass ich verdrängen wollte, was ich geträumt hatte. Ich war erschüttert, als ich mich an den außergewöhnlich realistischen Traum erinnerte: ich ging langsam auf einer langen Planke, die leicht bergab ging, auf eine gigantische Feuerwand zu. Aber ich fühlte mich nicht gefährdet, es war so angenehm ... bergab, auf das Ende der Planke zu ... bis ich plötzlich mein nahes Ende realisierte und mit äußerster Kraft meines freien Willens umkehrte und zurücklief! Ich hatte keine Ahnung, was mein Unterbewusstsein zu diesem Traum veranlasste, ich hatte davor weder einen Horrorfilm gesehen, noch etwas über Flammen, Hölle oder dergleichen gelesen, nicht mal vor einem Lagerfeuer gesessen. Ich kann es mir nur so erklären, dass Gott mir damals meine baldige Errettung vor-angekündigt hatte!"

Aber jetzt die gute Nachricht: wie wir Gott möglichst viel Anrecht geben können, uns zu einem maximal gesegneten, erfüllten und entfalteten Leben zu verhelfen, steht in Kapitel 6.3!

5.4 Die Bibel, die „Betriebsanleitung der Christen" (© WithJesus) — ist sie „blutig", „mittelalterlich" oder „frauenfeindlich"?

Oft hören wir, dass die Bibel wegen dem in ihr vorkommenden Typen mit den Hörnern, seinen Dämonen und den vielen Kriegen „mittelalterlich" sei und „Frauen diskriminiere". Die bekannte deutsche Management-Trainerin Vera Birkenbiehl sagt „die Bibel ist mindestens genauso grausam wie der Koran".[28] Viele meinen, dass die Juden bei der Landnahme Israels einen Genozid an der dortigen Bevölkerung verübt hätten: die komplette Vernichtung mehrerer Stämme.
Was stimmt? Was sagen die Fakten? Hier Aufklärung, der Reihe nach:

I/3 „Blutige Bibel?" — „Von Gott befohlener Genozid?".

Warum ordnete Gott den Israeliten die Vernichtung einiger Stämme bei der Einnahme des gelobten Landes Kanaan (=Israel) an? Warum so grausam?
Hier zwei Bibelstellen, die das erklären:
5. Mose 7,1: „*Wenn der HERR, dein Gott, dich* (die Israeliten, Anm.) *in das Land bringt ... um es in Besitz zu nehmen, und wenn er dann viele Nationen vor dir hinaustreibt:* **die Hetiter und die Girgasiter und die Amoriter und die Kanaaniter und die Perisiter und die Hewiter und die Jebusiter ...*"
5. Mose 18,9: „*Wenn du in das Land kommst, das der Herr, dein Gott, dir gibt, so sollst du nicht lernen, nach den Greueln jener Heidenvölker zu handeln. Es soll niemand unter dir gefunden werden,* **der seinen Sohn oder seine Tochter durchs Feuer gehen läßt,** *oder einer, der Wahrsagerei ... Zeichendeuterei ... Beschwörer ... Zauberer ... Geister bannt ... Geisterbefrager ... Hellseher ... jemand, der sich an die Toten wendet ... Denn wer so etwas tut, ist dem Herrn ein Greuel, und um solcher Greuel willen vertreibt der Herr, dein Gott, sie* (die oben angeführten Völker, Anm.) *vor dir aus ihrem Besitz.*"

Schlussfolgerung – wenn auch für Christen schwer verdaulich:
Gott hat den Israeliten die Vernichtung dieser Völker angeordnet, die vor ihnen in Israel lebten, nicht nur, weil diese völlig dem Okkultismus verfallen waren, sondern *sogar ihre Kinder als Opfer für Götzen verbrannten.*

---

28 YouTube.com, Birkenbiehl, Vera F, „Vera F Birkenbihl Was wir über die Islamische Welt wissen müssen", https://www.youtube.com/watch?v=a8N5g0Qxn1A, 28.5.2019, abger. am 4.12.2020

Fast jeder kennt die Geschichte vom verzweifelten Abraham, der seinen Sohn Isaak[29] am „Berg Morija", dem heutigen Tempelberg, für Gott **opfern sollte.** Unvorstellbar! Aber, **1.:** die Israeliten erlebten bzw. hörten Gott damals wesentlich unmittelbarer und **2.: die Bibel bezeugt, dass die Israeliten bei der Einnahme des gelobten Landes auf Völker trafen, die ihren Götzen ihre Kinder opferten** – das war damals anscheinend „üblich" – Wahnsinn!

Sogar der israelitische König Ahas ließ sich dazu verleiten und **(2. Könige 16,2f)** *„... seinen Sohn durchs Feuer gehen* nach den *Gräueln der Heidenvölker, die der HERR vor den Kindern Israels vertrieben hatte."*
Die Folge: durch diese Gräueltat schloss Ahas sich und sein Volk vom Segen Gottes aus und eine fremde Besatzungsmacht kam ins Land.

Abraham dachte wahrscheinlich: „Jetzt will Gott auch von mir ein Kinderopfer", **aber Gott stoppte Abraham mit Seinem Engel, bevor er Isaak opferte, um zu demonstrieren, dass der Gott der Bibel Kinderopfer *eben nicht* will!**

Aus obiger Bibelstelle ist klar der Grund erkennbar: diese Stämme sollten vernichtet werden, weil sie ihre Kinder ihren Götzen opferten.
In der Zeit, als die Israeliten begannen, sich in Israel niederzulassen und danach wurden *überall* permanent Schlachten und Kriege geführt. Deswegen gab es innerhalb der Israeliten auch die Todesstrafe für „Spalter": das Volk musste unter allen Umständen zusammenhalten, sonst wäre es sofort von anderen Völkern vernichtet oder versklavt worden. Deswegen ist das Alte Testament (die Bibel bis zur Geburt Jesu) für Christen auch nicht immer leicht zu lesen.

In *keiner einzigen* Stelle der Bibel wird den Israeliten bzw. Juden befohlen, Kinder zu opfern oder *die ganze Welt* mit Gewalt zu erobern.
Einen Skandal verursachten DVDs und Comics der staatlich-türkischen Religionsbehörde 2016 in Deutschland, die Kindern einer anderen Religion den Märtyrertod schmackhaft machen sollten.[30]
Was sagt der Gott der Bibel zu Kindesmissbrauch? Bitte umblättern ...

---

29 Auch im Koran wird diese Geschichte erwähnt, aber anders: Isaaks Name wird in älteren Koranen nicht erwähnt, aber in neueren Koranen mit Abrahams unehelichem Sohn Ismael (zuerst als Fußnote) ersetzt. Gottes Bund besteht aber lt. Bibel mit Isaak: 1.Mose 17,19
30 tagesspiegel.de online, „Wie schön, ein Märtyrer zu sein!", http://www.tagesspiegel.de/kultur/comics/kontroverse-um-comic-wie-schoen-ein-maertyrer-zu-sein/14505862.html, 6.9.2016, abger. am 31.1.2018

Der Gott der Bibel will Schutz für Kinder! Basta!

Jeremia 32,35: *„Sie haben auch die Höhen des Baal* [Götze, Anm.] *gebaut, um ihre* **Kinder dem Baal als Brandopfer** *mit Feuer zu verbrennen, was ich nicht geboten und wovon ich nichts gesagt und* **was mir nie in den Sinn gekommen ist.** *"*

Das heißt, lt. Bibel gilt für Juden *und* Christen:

5. Mose 5,17: *„Du sollst nicht töten!"*

3. Mose 19,18: *„... du sollst deinen Nächsten lieben wie dich selbst!"*

Matttäus 18,3 (Zitat Jesus): *„Ich versichere euch: Wenn ihr nicht umkehrt und* **werdet wie die Kinder,** *werdet ihr nie ins Himmelreich kommen.* "

2/3 Ist die Bibel „mittelalterlich?"

Nein – die Bibel ist aktueller denn je. Mittelalterlich? Lesen Sie mal die Zeitung oder sehen Sie Nachrichten im Fernsehen, dann sehen Sie genau, wie barbarisch und mittelalterlich die Menschheit heutzutage miteinander umgeht. Und dass der Friede in den „zivilisierteren" Ländern Welt alles andere als selbstverständlich ist, sondern Gottes Gnade. **Mal ehrlich: die friedlichsten und tolerantesten Länder der Welt sind eher die christlich geprägten ...**

Ja, in der Bibel werden oft der Teufel und die Dämonen erwähnt. Aber wer sind diese fiesen Typen eigentlich? Der Teufel war mal der Engel Luzifer, das heißt der „Lichtbringer". Dieser revoltierte gegen Gott, worauf Gott ihn verstieß – darum wird er auch „der gefallene Engel" genannt. **Das erzählt die Bibel:**

Lukas 10,18: *„Er* (Jesus, Anm.) *sprach aber zu ihnen: Ich sah den Satan vom Himmel fallen wie einen Blitz!"*

Offenbarung 12,3: *„Und es wurde hinausgeworfen der große Drache, die alte Schlange, die da heißt: Teufel und Satan, der die ganze Welt verführt, und er wurde auf die Erde geworfen, und seine Engel wurden mit ihm dahin geworfen."*

Der ehemalige Ober-Engel Luzifer hatte sich also mit seinem Posten nicht begnügt und wollte gleich sein mit Gott. Dieser verstieß Luzifer und alle Engeln seiner Gang fielen mit ihm. Diese gefallenen Engel sind die Dämonen, die Menschen verwirren und sie auf bescheuerte Ideen kommen lassen. Die Dämonen bekommen dazu das Anrecht, *diejenigen* Menschen zu beeinflussen, die der Liebes-Botschaft Jesu zuwiderhandeln und Böses tun.

Aber ist das mittelalterlich? Nein Denn: **Dämonen oder „böse Geister" sind das „interreligiöseste" der Menschheitsgeschichte:** egal, ob in den großen monotheistischen Religionen, im Islam, im Buddhismus, im Hinduismus, in

Naturreligionen mit einem oder mehreren Göttern – seltsamerweise ist in *allen* Religionen der Welt von „guten und bösen Geistern" die Rede.

Ist die Existenz von Engeln und Dämonen sooo abwegig? Stellen Sie sich bitte mal vor, es wären auf dieser Welt andere physikalische Gesetze und wir könnten nur per Gedankenkraft herumfliegen und wären Engel. Letztendlich bewegen wir ja auch unsere Gliedmaßen nur durch „Gedankenkraft": „Physik des Wollens" hat mal jemand gesagt. Und dann würde ihr Engel-Nachbar Ihnen flüsternd zurauen „angeblich gibt es Menschen und sie sind unfähig zu fliegen ..." Würden sie es dann glauben? Es gibt glaubwürdige Berichte von Kindern nach Nahtoderfahrungen, die ganz erstaunt ihre Eltern nach dem Erwachen fragten: „Ich habe Engeln gesehen – aber die haben ja gar keine Flügeln!" Brauchen Sie auch nicht – ihr Flug ist nicht von Luft abhängig.

Die Bibel erzählt Unglaubliches in den Evangelien und der Apostelgeschichte: dass Jesus öfters von Dämonen befallene Menschen befreite, die gar nichts von Jesus wissen konnten, schon gar nicht, dass dieser der Sohn des lebendigen Gottes sein sollte und die Dämonen sprachen durch die Befallenen Jesus *direkt* als Sohn Gottes an. Eine gruselige Situation, die wir uns vielleicht wirklich so vorstellen düfen, wie in manchen Gruselfilmen aus Hollywood besessene Menschen dargestellt werden: da steht ein junges hübsches Mädchen mit verdrehten Augen und redet mit der Stimme des ärgsten Biertrinkers und Rauchers irgendwelche Ungeheuerlichkeiten ... Brrr!

Epheser 6,12: „*... denn unser Kampf richtet sich nicht gegen Wesen von Fleisch und Blut, sondern gegen die Mächte und Gewalten der Finsternis, die über die Erde herrschen, gegen das Heer der Geister in der unsichtbaren Welt, die hinter allem Bösen stehen.*"

Das heißt, Christen sollen nicht böse Menschen verurteilen, sondern *das Böse dahinter,* das Manche verführt und zu Krieg, Streit, Rache und anderen niederen Bedürfnissen aufhetzt. **Und wir Christen, wenn wir diese Bibelstelle zu Ende denken, sollten nicht am Irrwitz unserer Zeit teilnehmen, sondern sollten uns motivieren, die Anweisungen Jesus zu Feindesliebe, Barmherzigkeit und Vergebung als Vorbilder zu praktizieren.** (siehe Matthäus 5,44)

Und diese Aufforderung der Bibel zur Liebe ist nicht mittelalterlich, denn nichts braucht diese Welt *notwendiger* als Liebe – um in dieser Menschheit *die Not zu wenden*, hin zu Liebe und Frieden.

Machen Sie Ihren Glauben zu Wissen: wenn Sie Christ werden und Gott darum bitten, lässt er Sie sicher Seine Stimme hören. Oder einen Engel sehen.

Viele Christen haben schon Engeln gesehen! Wollen Sie das auch? Es geht!
Einer der Autoren dieses Buches durfte das zwei Mal erleben – nein, wir nehmen
keine Drogen. Hier sein Bericht: „Ich ging zu einer Hochzeit wiedergeborener
Christen, das Gemeindegebäude war zum Platzen voll, alle Gäste überglück-
lich, ein Freudenfest! Ich setzte mich zu Freunden, wir hatten viel Spaß – doch
als die Hochzeit und die Kirchenband zu spielen begann, berührte mich der
Heilige Geist, ich begann vor Rührung fast zu weinen – und sah plötzlich ober
mir das Dach des Gemeindegebäudes „offen", und wie auf Malereien barocker
Kirchen kilometerhoch einen strahlenden Himmel über mir, einen senkrechten
Wolkentunnel, zwischen denen Myriaden von Engeln flogen und Lobpreis san-
gen, weil wieder zwei Christen in Liebe zueinander gefunden hatten! – ich hatte
nichts getrunken!" Liebe Leser, Sie können so etwas auch erleben!

Und es gibt noch größere Wunder direkt vor Ihren Augen: Stellen Sie sich
vor, das Weltall wäre komplett leer. Denn eigentlich wäre es doch logischer,
wenn überhaupt *nichts* existieren würde!
Angenommen, Sie könnten in diesem komplett leeren All unbemerkt herumfliegen und entdecken plötzlich einen Stein, der dort schwebt (jaja, das ist
unlogisch, ist ja nur ein Beispiel). Sie würden sich fragen, wo dieser Stein her-
kommen könnte, obwohl doch nichts existiert. Denn eigentlich sollte das ganze
Weltall doch leer sein! Logischerweise wäre doch eine „letztendliche" Frage,
warum *überhaupt irgendetwas* existiert.
Umso mehr dürfen wir uns wundern und freuen, dass nicht nur ein Stein exi-
sitiert, sondern Sonnen, zumindest ein Planet mit Leben, mit Menschen, die
kreativ und schöpferisch sein können – *das* ist doch das wahre Wunder!
Da ist doch der Stab von Aaron (4. Mose 17,23)**, der über Nacht zu blühen
beginnt oder eine Dame, die vom Heiligen Geist schwanger wird** (Maria)**,
die leichteste Übung Gottes!**
Jesus zu Gott, Seinem Vater: „*... bei Dir ist alles möglich!*" (Markus 14,36)

3/3 Ist die Bibel „frauenfeindlich"?

Quatsch, nein. Männer und Frauen sind in der Bibel gleichberechtigt:
Epheser 5,21: „*Ordnet euch **einander unter** in der Furcht Christi. Ihr Frauen,
ordnet euch euren Männern unter wie dem Herrn. Denn der Mann ist das Haupt
der Frau, wie auch Christus das Haupt der Gemeinde ist, die er als seinen Leib
erlöst hat. Aber wie nun die Gemeinde sich Christus unterordnet, so sollen sich auch
die Frauen ihren Männern unterordnen in allen Dingen. **Ihr Männer**, liebe eure*

Frauen, wie auch Christus die Gemeinde geliebt hat ..."

„... Frauen ihren Männern unterordnen ..." **Wir hören schon so manche Dame aufschreien,** aber führen Sie sich den nächsten Satz zu Gemüte:
„Ihr Männer, liebt eure Frauen, wie auch Christus die Gemeinde geliebt hat."
Und wie hat Jesus die Gemeinde geliebt? Selbstlos bis in den Tod!
So **sollen Christenmänner ihre Frauen lieben ...**

Beide, Mann und Frau, sollen sich *einander* unterordnen und *einander* dienen. Manche interpretieren diese Stelle auch so: Der Mann ist das Haupt der Frau, denn wenn die Frau eines Tages ein Baby hat, muss sie sich vollkommen auf das Kleine konzentrieren. Es liegt am Mann, Entscheidungen zu verantworten, die *gemeinsam* beschlossen wurden, um seine Frau und das gemeinsame Baby abzuschirmen.
Der Begriff Haupt ist hier auch nicht gedacht als Vorrangstellung des Mannes, sondern als „Ursprung", da die Frauen aus der Rippe des Mannes entnommen wurden.
Jüdische Rabbiner erklären diese Stelle gerne so aus: Die Frau wurde nicht aus dem Kopf des Mannes entnommen, damit sie nicht über ihn herrsche, nicht aus seinen Füßen, damit sie ihm dienen müsse, sondern aus der Rippe, weil diese am nächsten dem Herzen ist! Wenn das nicht romantisch ist ...

Eine oft kritisch erwähnte Bibelstelle ist diese im
1. Paulusbrief an die Korinther 14,34: *„Wie es in allen Gemeinden der Heiligen ist, sollen die Frauen in den Gemeinden schweigen, denn es wird ihnen nicht erlaubt, zu reden, sondern sie sollen sich unterordnen, wie auch das Gesetz sagt."*
Hier der historisch höchstwahrscheinlichste Hintergrund: die damaligen heidnischen Traditionen waren tatsächlich nachteilhaft für Frauen.
Dann kam Jesus und ordnete Gleichberechtigung für Mann und Frau an.
Die Menschen brauchten damals noch kleine „Entwicklungsschritte", um sich an die neue Zeit zu gewöhnen. Um nicht Chaos im Gottesdienst zu verursachen, war dies eine provisorische Maßnahme.
Und: selbstverständlich mussten sich auch die Männer in Korinth der Ordnung ihrer Gemeinde unterordnen.
Paulus sieht die Frauen auch in seinen anderen Briefen als gleichwertig – nicht nur das, sondern er fordert sie auch zum Lernen und die Männer zu großer Verantwortung auf:
1. Paulusbrief an die Korinther 14,35: *"Wenn sie aber etwas lernen wollen, so sollen sie daheim ihre eigenen Männer fragen ..."*

Menschen – egal, ob Männer oder Frauen – die „von heute auf morgen" ihre Freiheit entdeckt hätten, wären für eine geordnete Diskussion in der Gemeinde noch gar nicht „reif" gewesen. Deshalb sollten die Frauen den Männer zu Hause ihre Fragen stellen – **was Männer in pastorale Veranwortung bringt,** ihren Frauen liebevolle und kompetente Mittler der frohen Botschaft zu sein. **In Bibel gibt es viele Frauen, die Leiterverantwortung hatten.** Die **Richterin Deborah** in Richter 4,4-9. Die **Prophetin Hulda** in 2. Könige 22,14. Die **Prophetin Mirjam** in 2. Mose 15,20.
Micha 6,4: *„Habe ich dich doch aus Ägyptenland geführt und aus der Knechtschaft erlöst und **vor dir her gesandt** Mose, Aaron **und Mirjam."***

Im Alten Testament steht eine für dieses Thema bezeichnende Stelle in
1. Mose 3,16: *„... und er wird (!) herrschen über dir."*
Auch diese Stelle muss im Kontext des hebräischen Urtextes betrachtet werden, denn hier steht *nicht* das Wort „soll"! Diese Stelle ist also *keine Anordnung Gottes,* dass der Mann über die Frau herrschen soll, *sondern eine (wieder einmal) wahrgeworedene Prophetie,* dass der Mann später über die Frau herrschen *wird.* Das kam aber nicht aus der Kultur des jüdischen Volkes, sondern aus der späteren **griechischen Lebensweise, die Frauen oft benachteiligte.**[31]

Hier ein Hinweis zur Gleichberechtigung von Gott selbst aus dem
1. Buch Mose, 1,26: *„Und Gott sprach: Lasset uns Menschen machen, ein Bild, das uns gleich sei, die da herrschen über ... alles ... das auf Erden kriecht."*
Gott hat *Mann **und** Frau* nach Seinem Ebenbilde erschaffen, und **beide** sollen herrschen über die Erde.
1.Petrusbrief 3,7: *„Ihr Männer müsst euch entsprechend verhalten. **Seid rücksichtsvoll zu euren Frauen!** Bedenkt, dass sie der schwächere Teil sind. Achtet und ehrt sie ..."*
In Apostelgeschichte 2 bekommen *Männer **und** Frauen* den Heiligen Geist.

Jesus verteidigte die Frauen noch dazu! Dazu zwei kleine Beispiele:
In Johannes 4, Vers 6 sitzt Jesus in der Mittagshitze an einem Brunnen, als eine Samariterin dort Wasser schöpfen will. Damals wurden Samariter als minderwertig betrachtet. Trotzdem bittet Jesus sie höflich, ihm zu trinken zu geben – er hatte ja kein Gefäß dabei! Und Jesus offenbart sich ihr als Sohn Gottes, dem Christus, im Gleichnis mit dem lebendigen Wasser. Bitte lesen Sie diese wunderschöne Geschichte in Ihrer Bibel!

31 Literaturempfehlung: Iwersen, Julia, „Die Frau im Alten Griechenland", 2002

In **Johannes 8,1-11** bringen die überheblichen Pharisäer Jesus eine auf frischer Tat ertappte Ehebrecherin und erinnern Jesus, dass sie nach dem Gesetz Mose gesteinigt werden müsse – aber Jesus kontert verblüffend schlagfertig:
„Wer von euch ohne Sünde ist, der werfe den ersten Stein!"
Den Pharisäern war bewusst, dass jeder von ihnen Sünden begangen hatten, worauf ihnen nichts besseres einfiel, als ... sich wortlos zu verkrümeln ...
Jesus hat der Frau das Leben gerettet.

Wichtig: wem, glauben Sie, zeigt sich der auferstandene Jesus nach seinem entsetzlichen Tod am Kreuz als erstes? Den Frauen!

Matthäus 28,1ff: *„Als aber der Sabbat vorüber war und der erste Tag der Woche anbrach, kamen* **Maria von Magdala** *und die andere* **Maria,** *um nach dem Grab zu sehen ... der Engel des Herrn kam vom Himmel herab, trat hinzu und ... sprach zu den Frauen: Fürchtet euch nicht! Ich weiß, dass ihr Jesus, den Gekreuzigten, sucht ... Und siehe,* **da begegnete ihnen Jesus** *und sprach: Seid gegrüßt! ... Fürchtet euch nicht!* **Geht hin und verkündigt es meinen Brüdern ...**"
Jesus schenkt nicht nur seine erste Begegnung nach der Auferstehung den Frauen, sondern **Jesus vertraut den Frauen auch noch die Übermittlung der unfassbaren Botschaft der Auferstehung an – so vertraute Jesus den Frauen!**

Resümee aus Sicht der Bibel und der Christen:

1/3 Mann und Frau sind zwar verschieden, aber genau das ermöglicht in einer ehrlichen Ehe erst echte Ergänzung.
2/3 Mann und Frau sind bei Jesus eindeutig gleichberechtigt und gleichwertig.
3/3 *Beide* sind das Ebenbild Gottes, beide sollen über die Erde herrschen (natürlich verantwortungsvoll), beide sollen Gott auf Erden repräsentieren und sind dazu autorisiert!

Galater 3,28: *„... hier ist nicht Mann noch Frau; denn ihr seid allesamt* **einer** *in Christus Jesus."*

1. Paulusbrief an die Korinther 11,12: *"Denn wie die Frau vom Mann ist, so ist auch der Mann durch die Frau;* **alles aber von Gott.**"

Mehr Info zur Gleichberechtigung von Mann und Frau auf Seite 87.

6.0 So profitieren Sie von Jesus – jetzt geht's los!

6.I Wer ist Jesus? Wer ist Christ? Und wer ist der Heilige Geist?

Jesus war Jude, lernte den Beruf des Zimmermanns, hatte nie Sex oder eine Frau. Ja, das geht, auch Mitglieder des WithJesus-Teams haben zwecks Besinnung auf Gott einige Zeit enthaltsam gelebt. Wenn man das ehrlich vorhat, schenkt Gott die Fähigkeit zum Fasten: von Schoko, Alkohol, Bildschirm u.v.m. Aber nicht, um „künstlich zu leiden", sondern um sich zu leeren, damit Gott uns mit Weisheit, neuen Talenten, Erkenntnissen, Inspiration, neuen Sichtweisen u.v.m. füllen = bereichern = segnen kann.

Nein, Jesus war „nie in Indien, wo Er die ganzen Tricks gelernt hat" – das ist ein immer wieder gehörter und – sorry – ungeprüft nachgeplapperter und nicht zu belegender Quatsch, den wir von vielen Esoterikern gehört haben.

Von Jesus zu profitieren ist so einfach, dass viele Menschen es kaum glauben können. Oder wollen? Vielen Menschen fällt es scheinbar leichter, sich durch anstrengende Medidation, Selbstbestrafungs-Fasten, absurde Rituale und Tänze, menikusschädigende Sitzpositionen und vieles mehr ein „höheres spirituelles Niveau" zu erwirtschaften oder zu erleiden. Aus Stolz?
Im Christentum ist das nicht notwendig: Sie bekommen alles geschenkt.

Christin oder Christ ist man, wenn man glaubt, dass ...

1/3 ... Jesus Christus der Sohn Gottes ist und ...

2/3 ... Jesus sich freiwillig am Kreuz zur „Bezahlung" der Sünden *aller* Menschen (also auch für *Sie,* liebe Leser/innen!) ermorden hat lassen ...

3/3 ... wodurch alle Menschen, die an Punkt 1/3 und 2/3 glauben und Jesus „nachfolgen" = 10 Gebote befolgen, lieben & verzeihen, deswegen vor Gott schuldlos = ohne Sünde sind, dadurch wieder in persönlichen Kontakt mit Gott kommen, wodurch Gott in deren Leben Anrecht bekommt, ihnen zu einem erfüllten und entfalteten Leben zu verhelfen und ihnen danach ewiges Leben im Paradies mit Ihm schenkt. Fertig.

Ja, das hört sich für „Außenstehende" etwas bescheuert an. Auch für uns, bevor wir Christen wurden. Aber es funktioniert! **Die 3 Punkte systematisch erklärt:**

1/3 Jesus ist Sohn Gottes, das sagt Jesus selbst in
Johannes 14,6: *„Ich bin der Weg und die Wahrheit und das Leben; niemand kommt zum Vater als nur durch mich!"* Beweis siehe Kap. 2.2ff.
Es gibt Religionen, die sagen „Jesus kann nicht Gottes Sohn sein, denn dazu würde Gott eine Frau brauchen!" Christen glauben allerdings an einen *allmächtigen* Gott und der braucht keine Frau, um Menschen zu erschaffen.
Alle echten Christinnen und Christen sind Gottes Kinder – aber Jesus war Gottes ganz spezielles Kind.
Wer ist nun der Heilige Geist? Es ist Gott *in Seiner Funktion als Heiliger Geist.* Jesus kündigt Ihn den Christinnen und Christen an in
*Johannes 14,16: *„Und ich will den Vater bitten, und er wird euch einen anderen Beistand geben, daß er bei euch bleibt in* **Ewigkeit,** *den* **Geist der Wahrheit,** *den die Welt nicht empfangen kann, denn sie beachtet ihn nicht und erkennt ihn nicht; ihr aber erkennt ihn, denn er bleibt bei euch und wird in euch sein."*
Auch das wurde schon ca. 835 Jahre *vor* Jesus angekündigt durch Prophet Joel 3,1-2: *„Ich [Gott, Anm.] will* **meinen Geist** *über alle Menschen ausgiessen. Eure Söhne und Töchter sollen prophetisch reden, eure Alten werden göttliche Offenbarungen und Träume haben, und eure jungen Leute werden weissagen. Auch über eure Knechte und Mägde gieße ich meinen Geist aus."*

Wichtig: niemand kann „von selbst" an Jesus (s. Punkte 1/3 & 2/3) glauben. Sie können erst glauben, das Jesus Gottes Sohn ist, wenn Gott Ihnen diesen Glauben mit Seinem Heiligen Geist schenkt *und* Sie diesen Glauben annehmen. Wenn Sie das (hoffentlich) wollen: *bitte bitte* bitten Sie deshalb **Gott *jetzt* in Ihren Worten, dass Er Ihnen die frohe Botschaft Jesu und den Inhalt der Bibel verständlich macht.** Ja, das klingt bescheuert, aber bitte vertrauen Sie uns, probieren Sie's. Wenn Sie gerade im Zug sitzen, gilt auch ein Gebet in Gedanken, wenn es ehrlich ist. Etwa so: „Bitte, Gott, im Namen Jesu, öffne mir mit Deinem Heiligen Geist Herz und Verstand, damit ich Dein lebendiges Wort in der Bibel verstehen lerne!"
Das funktioniert tatsächlich! Wenn nicht gleich, dann bald. Nicht aufgeben!
Hier fragt Jesus *persönlich* Seine Jünger, für wen sie Ihn halten:
Matthäus 16,13-20: *„Ihr aber, für wen haltet ihr mich? Da antwortete Simon Petrus und sprach: Du bist der Christus, der Sohn des lebendigen Gottes! Und Jesus antwortete … ihm: Glückselig bist du, Simon, Sohn des Jona;* **denn Fleisch und**

Blut hat dir das nicht geoffenbart, sondern mein Vater im Himmel!"
Johannes 6,44 (Zitat von Jesus): *„Niemand kann zu mir kommen, es sei denn,*
daß ihn der Vater zieht, der mich gesandt hat."

2/3 „Aber ich bin doch kein Sünder, ich habe nichts verbrochen! Wozu soll
ich dann Jesus brauchen?" Das hörten wir oft. Antwort: damit Sie sich ...
... von „Sünde" und „Erbsünde" befreien – was ist das überhaupt? Der
Begriff „Sünde" ist aufgrund einer oft unrichtigen Weitergabe biblischer
Inhalte – in Familien, Medien, sogar Schulen – verzerrt. Die meisten denken dabei an Dinge wie das Kind, das der Oma einen Geldschein aus der
Handtasche entwendet, den Politiker, der sich von Schmiergeld verführen
lässt, die Ehefrau, die ihren Mann betrügt, und (das vorliegende Buch will
auch Tabu-Themen ansprechen) an den Teenager, der hinter dem heimlich
erworbenen Pornomagazin onaniert. Das ist aber *nicht* „Sünde", sondern
die Geisteshaltung *hinter* **gewissen Taten** (Diebstahl, Hass, Gewalt, Lüge,
Okkultismus, Materialismus etc. – nicht onanieren) *verursacht* erst die Sünde:

Sünde ist: Trennung von Gott! Wenn jemand Gott nicht in sein Leben
einladen will oder Ihn mit den oben erwähnten bösen Taten aussperrt und
damit Gottes Angebot zu Segen, Hilfe, Schutz & Inspiration blockiert.
Sünde wird im hebräisch geschriebenen Alten Testament als „chat'at" und
im griechisch geschriebenen Neuen Testament als „hamartia" bezeichnet.
Beide Ausdrücke bedeuten „Verfehlen [eines Zieles]". Das deutsche Wort
Sünde entstammt germanischen Sprachen: Englisch „sin", Altenglisch „synn",
Altnorwegisch „synd" und das vom Indogermanischen „es", einem Partizip des
Verbes „sein", wie „seiend" im Sinne von „derjenige, der es war".

Erbsünde ist: die erste Sünde, und zwar die von Adam und Eva, die den den
Sündenfall verursachte. Richtig, die Geschichte mit dem Apfel, nachzulesen
ziemlich am Anfang Ihrer Bibel: Adam und Eva leben glücklich im Paradies
mit Gott, durften nicht aber nicht die Früchte vom „Baum des Lebens" essen.
Wir erinnern uns, die Schlange bietet Eva den Apfel an. Eva isst ihn, obwohl
sie weiß, dass Gott das nicht will, und verleitet noch dazu Adam, worauf Gott
beide aus dem Paradies schmeißt – der Sündenfall (1. Mose, Kapitel 3)! **Daraus**
entsprang das Prinzip bzw. *das Wesen der Sünde:* die Trennung von Gott!

Diese Erbsünde tragen wir alle, die wir hier auf Erden leben, vom neuge-
borenen Baby bis zum Greis, *alle* Menschen *aller* Länder *aller* Kulturen.

Erbsünde = alle Menschen sind von Gott getrennt.
Außer, Sie werden Christ. Dann ist Ihre Sünde durch Ihren Glauben gelöscht und Sie kommen mit Gott wieder in persönlichen Kontakt! (S. Kap. 2.3)

Gott hat zwei Bereiche geschaffen, um uns zu schützen & zu fördern:
1) einen Bereich Seines Willens, wo es Segen gibt: Lieben, verzeihen (auch Feinden!), Barmherzigkeit, 10 Gebote leben – und an Jesus glauben.
2) den Bereich außerhalb Seines Willens, wo es *keinen* Segen gibt: Hass, Betrug, Diebstahl, Egoismus, Okkultismus, Materialismus – und Jesus ablehnen.

Den meisten Segen bekommen wir, wenn wir Gottes Willen erkennen und tun – heißt das, ich darf keinen eigenen Willen haben? Doch, dürfen Sie!
Denn die tiefsten und ehrlichsten Herzenswünsche, die Menschen in sich tragen, sind die, die Gott in uns hineingelegt hat! **Sie *dürfen* Wünsche haben:**
Psalm 37,4: *„Freu dich am Herrn, und er wird dir geben, was dein Herz* ***wünscht.****"*

Das heißt aber nicht, dass Gott egoistische Wünsche erfüllt – ein Beispiel:
Stefan, 40, wurde in seiner Kindheit und Jugend von seinen Eltern zu wenig beachtet, in der Schule gehänselt. Nun will er unbedingt Geschäftsführer eines Technologie-Unternehmens werden. Dann hätte er endlich Kontrolle über seine Mitmenschen und glaubt, dass dieser Wunsch ihn entschädigen würde ... und verdrängt, dass er eigentlich lieber Kinderarzt geworden wäre, was Gott ihm auf sein Herz gelegt und mit ihm vorgehabt hätte – diesen eigentlichen Herzenswunsch hat Stefan überdeckt.
Mit Hilfe des Heiligen Geistes können wir entdecken, was unsere *echten* Wünsche sind und welche *nicht* Gottes Willen entsprechen.
So können wir auch wieder zu „unserem Original" werden. Wie Gott uns geplant hat! Genaue Erklärung s. Schritt 3/7 ab S. 132. Aber der Reihe nach :-)

Wie entdeckte Gott die erste Sünde, den Auslöser der Erbsünde? Adam und Eva war zunächst nicht bewusst, dass sie nackt waren, erst als sie vom Baum der Erkenntnis aßen. Dann schämten sie sich und banden sich Feigenblätter um. Die Folgen davon sind noch heute zu sehen: Kinder haben kein Problem, im Sommer nackt miteinander zu spielen und zu baden. Die meisten Erwachsenen schämen sich – ein Hinweis darauf, dass wir viel unserer kindliche Intuition verloren haben. Das erinnert an die Bibelstelle, als Jesus in
Matthäus 18,3 sagt: *„Wahrlich, ich sage euch: Wenn ihr nicht umkehrt und* ***werdet wie die Kinder,*** *so werdet ihr nicht ins Himmelreich kommen!"*

Hey Leute — werden wir wie Kinder, laufen wir zu Gott wie Kinder voller Vertrauen zu ihren heißgeliebten Eltern, heulen wir uns bei Ihm aus. Er hört uns, will uns helfen — wir können vor Ihm sowieso nichts verbergen — und erhalten wir durch unseren Glauben an Seinen Sohn Jesus ewiges Leben mit unseren Vorfahren und Gott im Paradies!

Die **Dreifaltigkeit** oder **Trinität** (diese Begriffe gibt es in der Bibel nicht) ist die Einheit von Gott (Vater), Gott "als" Heiligem Geist und Jesus, Seinem Sohn.

Maria ist weder Teil der Trinität noch „Gottesmutter"! **Gott hat keine Mutter!** Maria war die Mutter Jesu und ein großartiges Vorbild für Christinnen und Christen. **Aber — „Heilige Maria bitt' für uns"?** Das beten viele Katholiken. Würde Maria das hören, würde Sie sagen: „Wieso soll ich für euch bitten? Betet selbst und geht zu meinem Sohn Jesus — wozu habe ich Ihn geboren? **Jesus kann euch erlösen, indem ihr einfach an Ihn glaubt und Ihm nachfolgt!"**

6.2 Müssen Christen immer in die Kirche laufen? Nie wieder Sex?

Der Begriff Kirche bezeichnet nicht ein altes Gebäude, das nach Kerzen und Weihrauch riecht und wo alte Menschen sitzen, die Kinder böse ansehen, die laut sind. Quatsch! Die etymologische (= sprachliche) Quelle des Wortes „Kirche" ist altgriechisch, heißt **Ekklesia** und meint „die Herausgerufenen", d.h. die an Jesus Gläubigen, die Seine frohe Botschaft anbieten, in Liebe den Menschen dienen, sich zum Lobreis Gottes zu treffen u.v.m.
„Kirche" ist tatsächlich *die Gemeinschaft* der an Jesus gläubigen Menschen.

Und was ist „Lobpreis"? Da wird (meist zu Beginn eines Gottestdienstes) Gott in gemeinsam gesungenen und gespielten Liedern gedankt & gepriesen. Das mag auf Außenstehende auch ein wenig merkwürdig wirken, denn — hat Gott es notwendig, dass er „gelobt und angebetet" wird? *Wenn* irgendjemand weiß, dass Er der Größte ist, dann doch Er selbst ... aber es geht auch um *uns*. Denn im Lobpreis können wir uns neu auf Gott ausrichten: z.B., kann ich wirklich, so wie der Text in manchen Lobpreis-Liedern lautet, Gott heute für alles danken? Meinem Nachbarn verzeihen? Meinen Ehepartner lieben? Mein Leben annehmen, so wie Gott es mir geschenkt hat, mit all seinen Herausforderungen? Ruhe finden? Beten? Mit dem ehrlichen Mitsingen von Lobpreis-Liedern vergrößern wir für Gott das Anrecht, Zugang zu unserem Leben zu erhalten, damit Er uns helfen kann. Klar, Gott ist allmächtig und Er könnte sich jederzeit Zugang zu unserem Leben verschaffen. Aber Er hat uns den freien Willen geschenkt und respektiert unsere Entscheidung – **wir Menschen haben Verantwortung darüber, Gott in unser Leben einzuladen.** Durch Sündenfall und Erbsünde leben wir auf der Erde, der gefallenen Schöpfung, in der Sünde, *getrennt von Gott* – das ist die eigentliche Bedeutung des Begriffs „Sünde" (s.S. 120). Wenn Gott uns den Glauben an Jesus schenkt *und* wir diesen annehmen, sind wir vor Gott ohne Sünde – dann kann Er unser Leben ab unserer Hinkehr zu Jesus zur vollen Entfaltung bringen oder reparieren, z.B. lernen wir plötzlich den Ehepartner unserer Träume kennen, bekommen eine Arbeit, neue Freunde, neue Talente und Fähigkeiten – aber das steht im nächsten Kapitel 6.3.

Es geht nicht um „in die Kirche laufen", sondern darum, dass wir auch in einer christlichen Gemeinschaft Rückhalt finden. Dort bekommen wir Ansprache und Antworten, speziell für einen gelungenen Start unseres Christenlebens, Auferbauung und Tipps, wie wir im Sinne Jesu unsere Lebenszeit nützen, mit Jesus Herausforderungen bewältigen und Jesu Liebe auch in kniffligen Situationen weitergeben. Wir erhalten Auferbauung und Erfahrungsaustausch, Seelsorge oder dürfen unseren Glaubensgeschwistern dienen oder ganz einfach die Gemeinschaft mit Gleichgesinnten zwecks Kraftschöpfen genießen. Und was genial und spannend ist: das gemeinsame Forschen in Gottes Wort, der Bibel, dem unfassbarsten Buch der Menschheit – spannender als die großartigsten Abenteuerfilme, denn jetzt sind *Sie* in der Hauptrolle – **erwarten Sie das Unerwartete in Ihrem neuen Leben mit Gott!**

Nie wieder Sex? Nie wieder Spaß? Quatsch! Christ sein heißt nicht, dass wir ab nun augenrollend, mit selbstbemitleidendem Blick Kerzen anzünden und uns kasteien sollen. Gott hat uns die Fähigkeit zur Freude und zum Spaß geschenkt – auch an Sex! Aber innerhalb einer Ehe, siehe unten. Und ja, wir dürfen auch Bier oder Wein trinken. Aber ... alles mit Maß und Ziel, wir sollen von nichts abhängig, sondern frei werden.
Sex macht deswegen Spaß, weil Gott es so wollte. Und das ist auch Sinn und Zweck an der Sache, es geht ja nicht nur um Fortpflanzung, sondern auch darum, dass ein Ehepaar ein wunderbares und (yeah! :-)) erregendes gemeinsames Erlebnis hat. Aber auch hier hat Gott eine Ordnung geschaffen, denn ...
... Sex ist etwas Heiliges – denn es ist unser Anteil am Akt der Schöpfung! Leute, hier ist *das Leben* dahinter!

Im Grunde gibt es überhaupt keinen „Sex vor der Ehe", denn in dem Moment, wenn ein Paar miteinander schläft, *sind* sie vor Gott ein Ehepaar. **1. Mose 2,24**: *„Darum wird ein Mann seinen Vater und seine Mutter verlassen und seiner Frau anhängen, und sie werden zu **einem Fleisch** werden."*
Sogar wenn ein Mann „nur" mal kurz eine Prostituierte besucht, werden sie in Gottes Augen zu einem Leib, bestätigt Paulus in
1. Korinther 6,16: *„Oder wisst ihr nicht, dass, wer der Hure anhängt, ein Leib mit ihr ist? Denn es werden*, heißt es, *,die zwei ein Fleisch sein'."*

Wichtig: Um es auf den Punkt zu bringen – Gott will lt. Bibel nicht, dass wir mit mehreren Partnern wie die Karnickel herum ... räusper, Sie wissen, was gemeint ist. Der Grund dafür ist,
wenn wir unsere Ehen nach den biblischen Empfehlungen leben würden, wären die Früchte der Sache u.a.:
Keine Geschlechtskrankheiten.
Nur erwünschte Schwangerschaften.
Und die Scheidungsrate wäre exakt null, weil es nur glückliche Ehen gibt.
Und das funktioniert so:

Wer ehrlich mit Gott leben will (d.h., an Jesus als Sohn Gottes und persönlichen Erretter glaubt, 10 Gebote befolgt, verzeiht, auch Andersgläubige liebt und segnet, also eine Jüngerin oder Jünger Jesus wird), **dessen Leben wird Gott segnen:**
was sich auch darauf auswirken kann, dass Gott uns auch mit der großen Liebe für's Leben zusammenführen wird (siehe dazu unbedingt auch Kap. 6.3). In vielen christlichen Gemeinden wird oft in jungem Alter geheiratet, weil die Paare von Gott eine übernatürliche Bestätigung erhielten *und nun wissen*: wir sind füreinander bestimmt, über unserer Ehe ist Segen! Und Gott segnet auch, wenn Mann und Frau in der Verlobungszeit enthaltsam sind und sich ihr „erstes Mal" für die Hochzeitsnacht aufheben – ist dann auch viel schöner! Ihr Autor hat das ausprobiert – nie bereut!

Aber wie werden Sie Ihren Traumpartner kennenlernen? Und wissen, dass sie oder er „es ist"? Ganz einfach: Sie werden übernatürliche Bestätigungen von Gott dafür bekommen, vielleicht sogar Prophetin oder Prophet werden – aber wie das geht, steht im nächsten Kapitel:

6.3 So profitieren Sie von Jesus — Schritt für Schritt Anleitung: Gratis Mitgliedschaft! Hilfe für Alle(s): Heilung, Existenz, Ehe u.v.m. Die größte Zeit-, Nerven- & Energie-Ersparnis Ihres Lebens! Das größte & coolste Abenteuer! Sicher durch die Endzeit — ewiges Leben im Paradies - so kommen Sie „in den Himmel"

Vorwort — Schritt für Schritt Anleitung danach

„Wozu brauche ich Jesus? Ich bin ein guter Mensch, mache nichts Böses!"
Das ist ein Parade-Argument, dass wir vom WithJesus-Team nur allzuoft gehört haben. Diesen Menschen antworten wir: „Können Sie Gott hören?" Die Antwort ist meist „nein". Erklärung:
Ab Kap. 2.2 dieses Buches wird bewiesen, dass Gott lebt.
Die meisten von uns aber können Gott nicht hören.
Das ist der traurige Beweis, dass diese Welt, die Erde, *getrennt von Gott* ist: das ist der *Zustand der Sünde,* eine gefallene Schöpfung.
Nicht-Christen leben im Zustand der Sünde = getrennt von Gott.
(Chisten sind ihnen gegenüber zur Toleranz verpflichtet!)
Durch unseren Glauben an Jesus kommen wir mit Gott wieder in Kontakt.
Wenn Sie Christ werden, können Sie alle Punkte der Überschrift dieser Seite gratis in Anspruch nehmen. Bitte lesen Sie die Überschrift oben nochmal, ganz bewusst!

Die ganze Sache mit Jesus ist so verblüffend einfach, dass es manche Menschen kaum glauben können. So entgegnete ein Hinduist dem WithJesus-Team: „Wie soll Jesus die ganze Menschheit erlösen können? Ein guter Guru oder Meister des Hinduismus' kann vielleicht fünf oder sieben Menschen ein paar Reinkarnationen ersparen, aber doch nicht allen!" Quatsch! Das kann man nicht vergleichen! **Denn durch *unseren Glauben an Jesus* wird die direkte Verbindung zu Gott wieder hergestellt! Dadurch bringt Gott unser Leben zur Entfaltung und uns danach zum ewigen Leben ins Paradies.**

Ab Kapitel 2.2 beweist dieses Buch, dass die Prophetien der Bibel bestätigen, dass ... Gott lebt. **Deswegen kann man auch dem Rest der Bibel vertrauen. Gott will das so. Darum hat Gott den Juden den Inhalt der Bibel diktiert: Zum Wohl für *alle Menschen!***

Erklärung: nach diesem Prinzip funktioniert das Erlösungswerk Jesu (dieses Beispiel ist © WithJesus):
- Die Menschheit hat Scheiße gebaut und tut das immer wieder.
- *Eine*, nennen wir es „Missetat", hat *eine* Konsequenz: *eine*.
- *Tausend* Missetaten haben *tausend* Konsequenzen: *Tausend*.
- Jesus hat *keine* Missetaten begangen: *Null*.
- Jesus hat aber die *maximale* Konsequenz *auf sich* genommen: den Tod am Kreuz.
- Jemand hat tausend Missetaten begangen, wird Christ (= glaubt, dass Jesus Gottes Sohn ist, uns erlöst hat und bereut ehrlich), ist deshalb ohne Sünde:
- denn *Tausend* Missetaten mal *Jesus-Null* ist ... *Null Konsequenzen*,
- *eine Million* Missetaten mal *Jesus-Null* ist ... *Null Konsequenzen*,
- *eine Trilliarde* Missetaten *aller Menschen* mal *Jesus-Null* ist ... *Null Konsequenzen*.

Alle Menschen, die ehrlich ihre Missetaten bereuen und Christ werden, *weil sie daran glauben,* dass Jesus mit seinem freiwilligen Tod am Kreuz für Sie bezahlt = sie freigekauft = alle Konsequenzen auf sich genommen hat, deren schlechten Taten sind vor Gott „gelöscht", siehe
Kolosser 2,14: *„Er hat die Liste der Anklagen gegen uns gelöscht; er hat die Anklageschrift genommen und vernichtet, indem er sie ans Kreuz genagelt hat."*
Diese Menschen kommen durch ihren Glauben wieder in Kontakt mit Gott, laden Ihn in ihr Leben ein. Gott beginnt, *mit uns* Schritt für Schritt unser Leben zu reparieren und errettet uns bereits *zu Lebzeiten* aus der Sünde = die Trennung von Gott und *nach* unserem Leben zu sich = ewiges Leben im Paradies! (s. Kap. 2.7)

Alle Menschen, die *nicht* an Jesus glauben und *nicht* Christ werden, werden nach Ihrem Tod nach ihren Werken und ihrem Gewissen gerichtet: jeder Mensch, der etwas tut, von dem er/sie *weiß*, dass es schlecht oder verboten ist, zieht Konsequenten an sich: Unsegen wie Krankheit, Einsamkeit, existenzielle oder andere Probleme für sich und für seine Nachfahren (!) – und wird vielleicht nicht in den Himmel kommen können (s. Kap. 5.3 „Hölle" ab S. 105).
Paulus Brief an die Römer 2,12-16: *„Ihr Gewissen legt Zeugnis davon ab, ihre Gedanken klagen sich gegenseitig an und verteidigen sich – an jenem Tag, an dem Gott ... das, was im Menschen verborgen ist, durch Jesus Christus richten wird".*
Johannes 12,48 (Zitat von Jesus!): *„Doch wer mich und meine Botschaft ablehnt, wird am Tag des Gerichts durch meine Worte, die ich gesprochen habe, gerichtet werden."*

Offenbarung 20,13: *„... und sie wurden gerichtet, ein jeder nach seinen Werken."* Gottes Gnade gilt jedoch auch hier: ein 10jähriger Kindersoldat, der dafür gelobt wird, dass er Menschen erschießt, wird kaum schlechtes Gewissen haben und ist tiefenpsychologisch davon geprägt, dass seine entsetzlichen Taten gut sind – er hat eine Chance auf den Himmel.

Aber ...

... alle Menschen, die *nicht* an Jesus glauben und *nicht* Christ werden, schließen Gott aus ihrem Leben aus und nehmen Gott die Chance, dass Er in ihrem Leben hilft und vermindern die Chance auf ewiges Leben bei Gott.

Stellen Sie sich vor, Sie warten in der Todeszelle auf Ihre Hinrichtung: die Türe wird aufgesperrt und öffnet sich, Sie denken, das ist das Ende – und ein völlig verdutzter Wachmann führt einen Typen in Ihre Zelle, der Ihnen gütig lächelnd erklärt, dass ER für Sie sterben will! *Das hat Jesus für uns bereits getan!*

Für alle Menschen, die *nicht* Christen sind, ist Jesus ein *Richter*.
Für alle Menschen, die Christen sind = an Jesus glauben, ist Jesus ein *Retter*.

Mit Jesus kommen Sie in eine Freiheit, die sich jetzt nicht vorstellen können.
Johannes 8,36: *„Nur dann, wenn der Sohn euch frei macht, seid ihr wirklich frei."*

Das hier ist auch eine riesige Chance:
2. Mose 20,5: *„Wenn sich jemand von mir abwendet, dann ziehe ich dafür noch seine Nachkommen zur Rechenschaft bis in die **dritte und vierte Generation**. Wenn mich aber jemand liebt und meine Gebote befolgt, dann erweise ich auch noch seinen Nachkommen Liebe und Treue, und das über **Tausende von Generationen hin!**"* Das heißt:
1) Wenn jemand Mist baut, blockiert er den Segen Gottes für sich und seine Nachkommen – aber Gott schützt die Nachkommen *ab den Urenkeln!* Aber ...
2) ... wenn jemand Christ wird und ernsthaft versucht, Jesus mit einem geheiligten Leben nachzufolgen – den segnet Gott und dazu Tausende Generationen seiner Nachfahren!
Viel größer als die Konsequenzen, Gott aus Ihrem Leben auszuschließen, ist Gottes Segensangebot für Sie, liebe Leser/innen!
5. Mose 7,9: *„Erkennt deshalb, dass der Herr, euer Gott, der wahre Gott ist ... der über 1.000 Generationen hinweg zu seinem Bund mit denen steht, die ihn lieben und seinen Geboten nachkommen."*
Bitte umblättern, jetzt wird's spannend:

Wollen Sie gratis (das funktioniert, versprochen!):
• Gott hören?
• Lösungen für Ihre Probleme, z.B. Reparatur Ihrer Ehe?
• Lösungen für Probleme, die Ihre Familie (vielleicht seit Generationen) hat?
• Lösungen für existenzielle Probleme, z.B. einen Job, der Sie erfüllt?
• Krankheiten loswerden? Süchte loswerden?
• Ihren Ehepartner kennenlernen?
• Übernatürliche Talente bekommen, z.B. Prophet werden?
• Wunder erleben?
• Oder, nehmen wir den schlimmsten Fall an, Sie sind reich, schön, glücklich, wollen aber trotzdem das endgültige Abenteuer: erleben, dass Gott lebt?

Dann wird es Zeit, dass Sie Christ werden:

Schritt I/7: Gratis-Mitgliedschaft!

Das heißt jetzt nicht, dass Gott Sie sofort zum Millionär macht und Ihnen zwecks Familiengründung den feschesten Rettungsschwimmer oder das heißeste Unterwäschemodel schickt.

Gott wird Sie zuerst zurüsten, dass Sie mit Ihrer neuen Lebenssituation auch umgehen können! Denn z.B. können unzählige arme Lottogewinner mit Geld nicht umgehen, verprassen Ihren Gewinn in kürzester Zeit und sind nachher ärmer als zuvor. So bereitet auch Gott Christen persönlich auf ihre Entfaltung vor. Sie glauben die obigen Versprechungen nicht? Unzählige Christen haben all das und noch viel mehr erlebt!

Wer mit Gott persönlich in Kontakt kommen will, nimmt im Glauben an,

• dass Jesus Gottes Sohn und unser Erlöser ist, weil Er
sich am Kreuz freiwillig ermorden hat lassen für die Löschung
der Missetaten aller Menschen, die daran glauben – Er hat für Sie bezahlt.

• dass Jesus nach Seinem Tod am Kreuz in einer Höhle bestattet wurde,
drei Tage danach von Gott wieder zum Leben erweckt wurde,
auferstanden ist und sich mehreren Menschen gezeigt hat,

• und „folgt Jesus nach", d.h. die 10 Gebote befolgen, Feinde segnen
und lieben, verzeihen, von Jesus erzählen (Sie verstehen)

Wichtig: kein Mensch kann „aus eigener Kraft" oder „aus eigenem Entschluss" glauben.

Bitten Sie deswegen zuerst den Heiligen Geist (das ist Gott in Seiner Funktion als Heiliger Geist), dass Er Ihnen den Glauben schenkt, dass Jesus Gottes Sohn ist und für Sie gestorben ist.

Jesus erklärt das in

Matthäus 16,15f : *„Ihr aber, für wen haltet ihr mich?"*

Simon antwortete: *„Du bist der Christus, der Sohn des lebendigen Gottes!*

Jesus bestätigt: *„Glückselig bist du, Simon ... denn Fleisch und Blut hat dir das nicht geoffenbart, sondern mein Vater im Himmel!"*

So einfach funktioniert beten im Christentum:

Wenn Menschen, die Sie lieben, Sie um etwas bitten, müssen diese sich merkwürdig anziehen, Beschwörungsrituale oder seltsame Gesänge zelebrieren?

Nein! Genauso einfach funktioniert beten – Sie dürfen zu Gott kommen wie ein Kind zu seinen liebenden Eltern, erzählt Jesus persönlich in

Matthäus 6, Vers 6-8: *„Wenn du betest, geh an einen Ort, wo du allein bist, schließ die Tür hinter dir und bete in der Stille zu deinem Vater* (damit ist Gott gemeint, Anm.). *Dann wird dich dein Vater, der alle Geheimnisse kennt, belohnen. Plappert nicht vor euch hin, wenn ihr betet, wie es die Menschen tun, die Gott nicht kennen. Sie glauben, dass ihre Gebete erhört werden, wenn sie die Worte nur oft genug wiederholen. Seid nicht wie sie, denn* **euer Vater weiß genau, was ihr braucht, noch bevor ihr ihn darum bittet!"**

Das heißt, Gott weiß schon, *bevor* wir bitten, nicht nur was wir *wollen*, sondern was wir *brauchen!* Das ist nur allzuoft nicht dasselbe.

Sie können Gott sowieso nichts verbergen. Selbst wenn Sie zornig, traurig, erschöpft oder verzweifelt sind: schreien Sie, weinen Sie, schütten Sie Gott Ihr Herz aus (s. Kap. 2.3)!

Das ist Jesu persönliches Angebot an uns: *„Kommt her zu mir* **alle,** *die ihr mühselig und beladen seid, so will ich euch erquicken!"* (Matthäus 11,28)

Gott hört Sie, tröstet Sie, hilft Ihnen u.v.m.

Auch wenn Sie ehrlich gebetet haben, werden Sie vielleicht nicht gleich, sondern erst einige Zeit später spüren, dass Sie einen neuen Glauben haben. Nehmen Sie ihn bewusst an.

Um Jesus in Ihr Leben zu lassen, beten Sie bitte jetzt das Übergabegebet.

Bitte umblättern ...

Schritt 2/7: Das Übergabegebet

Sie stehen vor der größten Energieersparnis und dem größten Abenteuer Ihres Lebens: Christ zu werden – sie halten die Eintrittskarte in Ihrer Hand.

Suchen Sie sich ein Plätzchen Ihrer Wahl, wo Sie sich wohlfühlen, nicht gestört werden und Ruhe haben. Entweder alleine im Zimmer oder in einer wunderschönen Landschaft. Notfalls am Klo, völlig egal.
Am besten mit jemandem, dem Sie vertrauen, erklärt Jesus persönlich in
Matthäus 18,19: *„Und ich sage euch auch: Wenn zwei von euch hier auf der Erde darin eins werden, eine Bitte an Gott zu richten, dann wird mein Vater im Himmel diese Bitte erfüllen. Denn wo **zwei oder drei** zusammenkommen, die zu mir gehören, bin ich mitten unter ihnen."* **Oha:**
wenn zwei Menschen von Gott etwas erbitten, wird Er es ihnen geben! Klar wird Gott den Wunsch nach einem Verbrechen nicht erfüllen. Aber wer zu zweit betet, hat ein Gegenüber, das einen im Fall dämlicher Ideen abmahnt.

Stellen Sie sich vor, Sie stehen, sitzen oder liegen vor Gott persönlich – mit geschlossen Augen geht's ein bisschen leichter. Nein, Gott ist kein drei Meter großen alter Typ mit langem, weißen Bart. *Machen Sie sich einfach gar kein Bild.* Das ist Gott am liebsten – weil es keinen Sinn hat, denn wir können uns Gott ohnehin nicht vorstellen. Auch wenn Sie das jetzt nicht glauben:
Gott, den Sie zwar jetzt nicht sehen, begrüßt Sie jetzt voller Freude, Güte und Liebe, mehr als der beste Freund, mehr als die liebevollsten Eltern, die ihr Kind seit Jahren nicht mehr gesehen haben und endlich wieder in die Arme nehmen und herzen dürfen! Fühlen Sie sich frei.
Sie können beruhigt sein, denn auch wenn Sie's noch nicht glauben:
Gott ist Ihr Papa im Himmel, Er hört Sie, und zwar *jetzt.*

Betrachten Sie die folgenden Zeilen als **Vorlage** – Sie können Gott = Jesus *alles* sagen, was Sie belastet oder was Ihnen wichtig ist.
Reden Sie mit Jesus, der eins mit Gott ist, einfach in Ihren eigenen Worten:

„Lieber Herr Jesus!
Ich glaube, dass Du für meine Sünden gestorben bist.
Ich glaube, dass Du der Sohn Gottes bist,
dass Du für mich am Kreuz von Golgatha für meine Rettung gestorben bist,
dass ich dadurch von aller Sünde reingewaschen bin.

Ich lege mein ‚altes Ich' (meinen ‚alten Menschen') dort am Kreuz ab,
bitte komm Du in mein Leben,
ich glaube, dass Du aus mir einen neuen Menschen machst!
Ich entsage allem Bösen und dessen Taten.
Weil Du mir vergeben hast, will auch ich allen Menschen ihre Sünden an mir ver-
geben. Bitte, Gott, im Namen Deines Sohnes Jesus, hilf mir dabei.
Bitte stärke und erneuere meinen Glauben!
Danke, dass mein Name im Buch des Lebens steht, dass Du mein Erlöser bist,
bitte führe mich in die Wahrheit, leite mich in ein freies, entfaltetes und geheiligtes
Leben mit Deinem Heiligen Geist!"

(Vielleicht halten Sie jetzt ein wenig inne, besinnen sich und bitten den Heiligen Geist, dass Er Ihnen Ihre Missetaten aufzeigt. Also alles, was zwischen Ihnen und Ihrem neuen Leben mit Gott liegt. Bitten Sie für jedes Ihrer Vergehen, dass Ihnen dank der Inspiration mit dem Heiligen Geist in den Sinn kommt, *im Namen Jesu Christi* um Verzeihung, und es wird Ihnen sofort verziehen werden. Basta, gelöscht, erledigt. Ja, das entspricht der Bibel.)

„Herr Jesus — danke, dass Du mich jetzt willkommen heißt, mir alle Sünden verge-
ben hast, auch wenn ich es jetzt noch nicht ganz erfasse.
So will auch ich allen Menschen vergeben, und ich will im Vertrauen auf Dich auch
mir vergeben.
Ich komme zu Dir, ich übergebe Dir mein ganzes Leben, mit all meinen Sorgen,
Nöten, Problemen, Krankheiten, Fragen, mit allem, was mich belastet, und lege es
(das ist jetzt symbolisch gemeint, Anm.) *vor Deinem Kreuz ab.*
Und weil Du mich so liebst, dass Du für mich gestorben bist, will auch ich ab nun
Deine Liebe in meinem Leben allen Menschen um mich herum weitergeben."

Wenn Sie dieses Gebet aus ehrlichem Herzen gesprochen haben:
Sie stehen JETZT am Anfang eines Neuen Lebens, *Ihres* neuen Lebens!
Ihnen sind von Gott *alle* Ihre Sünden vergeben worden und Sie sind *wiederge-*
boren im Geiste Gottes!
(Nein, das hat nichts mit Reinkanation zu tun, siehe Kapitel 4.2 dieses Buches)
Sie sind *jetzt* Gottes Kind — Hurra!!! Sie dürfen sich jetzt fühlen wie ein Held nicht aus, sondern *in* einem Abenteuerfilm — erwarten Sie das Unerwartete — ab jetzt leben Sie Ihr Leben mit Gott.
Unsere Empfehlung: kopieren Sie dieses Gebet, schreiben Sie Datum und Ihre Unterschrift dazu, denn das ist die wichtigste Urkunde Ihres Lebens. Im Ernst.

Schritt 3/7: Suchen Sie sich eine christliche Gemeinschaft, lassen Sie sich taufen

Der Begriff *Kirche* bezeichnet *nicht* ein altes Gebäude, das nach Kerzen und Weihrauch riecht, sondern stammt vom altgriechischen Begriff **Ekklesia** und bezeichnet die *Gemeinschaft* der an Jesus Gläubigen = die *„Herausgerufenen"*.

Suchen Sie sich eine Christengemeinde. Eine, wo Sie sich wohlfühlen — schauen Sie sich mehrere Gemeinden an. **Bitten Sie Gott um Hilfe, er wird Sie in „Ihre" Gemeinde führen.** Doch, kann Er und wird Er, auch wenn dieser Gedanke vielleicht im Moment noch für Sie völlig unmöglich erscheint, s. Kap. 2.3. Bald werden Sie wissen, welche „Ihre" Gemeinde sein wird.

Vor allem frischgebackene Christen brauchen Gemeinschaft — es ist für einen Christen eine grandiose Labsal, mit anderen Christen in „Christensprache" zu reden. Profitieren Sie von der langjähriger Erfahrung erfahrener Christen, hören Sie sich Lebenszeugnisse an, Sie werden herzlich willkommen sein! (Und bitte seien Sie nachsichtig, wenn Ihnen manche Christen in ihrer übersprudelnden Freude über das neue Geschwisterchen, nämlich Sie, gaaaanz viele Tipps offerieren :-))

In den meisten Gemeinden werden Seminare angeboten, deren Teilnahme fast immer gratis ist. Zum Beispiel ein sog. **Alpha-Seminar**, eine Basis-Einführung in die Bibel und in gelebtes Christentum, mit Lebenszeugnissen und vielen spannenden Themen.

Oder Seminare zu Teilen der Bibel, z.B. einem Brief des Apostels Paulus.

Oder zu bestimmten Themen wie Ehe, Kindererziehung, u.v.m.

Kurz gesagt, Austausch zu allen Bereichen Ihres neuen Lebens mit Gott.

Eine christliche Gemeinschaft ist deswegen so wichtig, weil Sie Ihnen eine Korrektur bietet: speziell zu Beginn Ihres Christseins kann es passieren, dass sie sich in Irrtümern über Jesus verrennen und von Ihm abdriften. Erwarten Sie keine heile, perfekte Welt — auch in einer christlichen Gemeinde gibt es Konflikte wie überall, wo Menschen sind. Aber wir dürfen einander ermahnen, voneinander lernen, uns „aneinander schleifen".

Bitte lassen Sie sich taufen. „Wozu?" hören wir vom WithJesus-Team dann oft. Oder „Ich bin doch schon getauft"! Der Reihe nach: die Taufe symbolisiert den Tod (untertauchen) und die Auferstehung, die Christen mit ihrem frischgebackenem Christ-sein nicht nur vor der „physischen" Welt proklamieren, sondern auch vor der „geistlichen" Welt, der jenseitigen Dimension, den „Himmeln", wo Gott, Engeln und unsere Vorfahren leben – ja, sorry, das klingt wie ein Märchen, aber lesen Sie mal Kap. 2.2–2.3. Diese Dimension können wir mit unseren „fleischlichen Augen" nicht sehen, aber manchmal schenkt Gott uns einen Blick dort hinein. Viele Christen haben schon Engeln gesehen – das werden Sie vielleicht auch!

Speziell in freichristlichen Kirchen ist Party, wenn Menschen sich taufen lassen – aber auch im Himmel ist Jubel, wenn Menschen sich zu einem Leben mit Jesus entschließen!

Taufe ist super, denn um sich taufen zu lassen, braucht es eine Herzenseinstellung, einen Entschluss – und die *innere Einstellung* dafür (weniger der äußerliche Akt) gibt Gott die Einladung in *Ihr* Leben und das Anrecht, *Ihnen* weiter im Leben zu helfen. Johannes, der Täufer erklärt in **Lukas 3,16:** *„Ich taufe euch mit Wasser; es kommt aber einer, der stärker ist als ich, und ich bin nicht würdig, ihm seinen Schuhriemen zu lösen; der wird euch mit Heiligem Geist und Feuer taufen."*

Johannes führt hier die Taufe mit Wasser aus, so wie heute die Pastoren. Aber Gott gibt Seinen Heiligen Geist dazu! Das beinhaltet große Geschenke, aber das steht im Schritt Nr. 7.

Auch Jesus wurde von Johannes getauft. Aber dabei passierte etwas, erzählt **Matthäus 3,16:** *„Und als Jesus getauft war, stieg er sogleich aus dem Wasser; und siehe, da öffnete sich ihm der Himmel, und er sah den Geist Gottes wie eine Taube herabsteigen und auf ihn kommen. Und siehe, eine Stimme [kam] vom Himmel, die sprach:* **Dies ist mein geliebter Sohn, an dem ich Wohlgefallen habe!"**

Der Geist Gottes kam *wie* eine Taube auf Jesus – der Heilige Geist ist *nicht* eine Taube, wie in vielen Darstellungen in Kirchen gemalt. Den Heiligen Geist (= Gott *in Seiner Funktion* als Heiliger Geist) bekommen alle Menschen, die sich zum Glauben an Jesus und zu Seiner Nachfolge entschließen und taufen lassen. **Dann sagt Gott auch zu Ihnen:** *Dies ist meine geliebte Tochter / mein geliebter Sohn, an dem ich Wohlgefallen habe!"*

Ein getaufter Mensch ist wie neu geboren – wiedergeboren in Jesus: „die neue Susi, der neue Hansi" – **ab der Taufe beginnt Gott, die Getauften zu ihrem „Original" zu machen,** so wie Er sie sich ursprünglich ausgedacht hat. Befreit von vergangenen Beeinflussungen und Verletzungen des Lebens, von denen die Persönlichkeiten der Menschen oft verzerrt werden. Mehr Info dazu siehe Absatz Wiedergeburt in Jesus & Taufe in Kap. 4.2 ab S. 94.

„Aber ich bin doch schon getauft!" ACHTUNG: **Taufe ist nicht Taufe!** Das Wort Taufe hat seinen etymologischen (sprachlichen) Ursprung im Griechuschen „baptizein", das heißt „eintauchen" oder „untertauchen". Ein Anspritzen oder Übergießen eines Täuflings mit Wasser entspricht *nicht* der biblischen Taufe. Die **Kindstaufe**, u.a. der Katholischen Kirche, ist ein konfliktbeladener Diskussionspunkt innerhalb der Christenheit. **Wir vom WithJesus-Team meinen: logisch wäre z.B. eine *Segnung* eines kleinen Kindes; eine Taufe sollte nur bei freiem und selbstständigem Entschluss eines Menschen und damit entsprechender Reife erfolgen.** Dazu ein Vergleich des WithJesus-Teams, höflich und bei allem Respekt: ein kleines Kind kann auch nicht Autofahren, wenn Sie ihm einen Führerschein in die Hand drücken ...

Deswegen empfehlen wir auch Menschen, die als Kinder getauft wurden – meistens nur ein wenig am Kopf mit Wasser übergossen – die echte Taufe nachzuholen.

Schritt 4/7 — Das können sie sofort machen:

- **Bitten Sie Menschen, mit denen Sie im Konflikt sind, um Verzeihung.**
- **Bekennen Sie Ihr neues Leben mit Jesus**

Jetzt kommt etwas für Sie vielleicht Unerwartetes: bitten Sie alle Personen in Ihrem Leben, mit denen Sie irgendeine Art von Konflikt, Streit, Disput oder Ähnliches haben, um Verzeihung. Versuchen Sie, mit diesen Personen jede Art von Unfrieden aus Ihrer beider Leben zu räumen und Frieden mittels einer Aussprache zu machen. Sollten die Personen unauffindbar oder verstorben sein, geht das auch in einem Gebet. Vergeben Sie, entlassen Sie Menschen in Frieden aus deren Schuld.
Es geht darum, dass Sie ihr neues Leben mit Jesus ab jetzt völlig unbelastet in Frieden und Freiheit beginnen können.
Vielleicht ist es auch notwendig, dass Sie sich von jemand, den Sie schon lange nicht mehr gesehen haben, während Ihres Besuchs eine ganze Weile lang Vorwürfe an den Kopf werfen lassen. Macht nichts – alleine Ihre Bitte, dass Sie um Vergebung bitten, weil Sie ja jetzt Christ geworden sind und mit allen Menschen in Frieden ein neues Leben beginnen wollen, wird Ihren ehemaligen Kontrahenten den Wind aus den Segeln nehmen – Sie werden staunen!

Bekennen Sie sich zu Jesus – das empfiehlt Jesus persönlich in **Matthäus Kapitel 10, Vers 32:** *„Jeder nun, der sich zu mir bekennt vor den Menschen, zu dem werde auch ich mich bekennen vor meinem Vater im Himmel!"*

Machen Sie sich einen Spaß aus völlig verdutzten Gesichtern: wenn Ihre Tanten und Onkeln vom letzten Urlaub erzählen, Freunde, Freundinnen von durchzechten Nächten oder erotischen Abenteuern, Kollegen vom neu erworbenen Motorrad, erzählen Sie doch genauso beiläufig, dass Sie Christ geworden sind. Das wird auf Ihre Verwandten und Bekannten so nonkonformistisch wirken, dass Sie wissen, was echter Rock'n'Roll ist! :-)

Kleben Sie sich den berühmt-berüchtigten (:-)) Christen-Fisch hinten auf's Auto. Und wenn dann Fragen von Nachbarn, Freunden, Familienmitgliedern auf Sie einprasseln wie von kleinen Kindern, warum Sie das getan haben, können Sie phantastisch gut die frohe Liebes-Botschaft von Jesus weitergeben. Aber bitte nicht mit Zwang, überfordern Sie Ihre Mitmenschen nicht mit Ihrer Freude. Mehr Info später in Schritt 6/7.

Der Christen-Fisch ist ein uraltes Symbol, heute ein Erkennungsmerkmal speziell freikirchlicher Christen. Viele kleben sich einen Cristenfisch auf die Rückseite Ihres Autos. Nein, keine Angst, niemand braucht deswegen eine Harpune, wie Rockmusiker Frank Zappa einst empfohlen hat.
Der Fisch soll in Zeiten der Christenverfolgung ein Geheimzeichen gewesen sein: trafen sich zwei Menschen und sie wollten wissen: „Ist die/der Andere auch Christ?" wurde unauffällig mit einem Stock oder dem Fuß ein Bogen auf die Erde oder in den Sand gezeichnet (damals waren eher wenige Wege asphaltiert :-)). Hat die oder der Andere mit einem 2. Bogen zum Fischlogo komplettiert, dann wusste man: oha, da ist eine Schwester oder Bruder in Jesus!
Das Fischlogo leitet sich von zwei Bibelstellen ab. Hier zunächst die bekannte Stelle, als Jesus für eine Volksmenge von 5.000 Menschen fünf Brotscheiben und zwei Fische übernatürlich zu einem überreichen Mahl vermehrte:
Johannes 6,1-15 (Auszug): *„Es ist ein kleiner Junge hier, der fünf Gerstenbrote und zwei Fische hat ... Es lagerten sich nun die Männer ... etwa fünftausend. Jesus aber nahm die Brote, und als er gedankt hatte, teilte er sie denen aus, die da lagerten; ebenso auch von den Fischen, so viel sie wollten. Als sie aber* **gesättigt** *waren ..."*
Noch zutreffender ist diese Aufforderung Jesu für die Entstehung des Fischlogos:
Lukas 5,10: *„Jesus sagte zu Petrus: ‚Fürchte dich nicht! Du wirst jetzt keine Fische mehr fangen, sondern Menschen für mich gewinnen.'"*

Die Buchstaben des griechischen Wortes für „Fisch", „I,CH,TH,Y,S", sind die Anfangsbuchstaben des Glaubensbekenntnisses: Iesus, Christus, Gottes, Sohn, Erlöser. Und Kirchenvater Tertullian bezeichnete 200 n. Chr. die Christen als „Fischlein". Man möge beachten: Fische leben im Wasser. Wasser ist im Neuen Testament meist eine Metapher für den Heiligen Geist. Christen leben im Heiligen Geist – und fühlen sich dabei wohl wie Fische im Wasser! :-)

Schritt 5/7 — Das können sie sofort machen:
• Bitte beginnen Sie, die Bibel zu lesen, denn ...

... dieses Buch ist unfassbar. Ja, im Alten Testament stehen mehrere Geschichten über Kriege, aber diese werden *immer*, auch heute, brutal geführt.
Aber die Bibel rüstet Sie für alle kommenden Herausforderungen Ihres Lebens und hält Wunder, Heilungen, Rettung und Hilfe, Perspektiven für Sie bereit: wie Menschen die Stimme Gottes hören, einen Blick in den Himmel geschenkt bekommen und vieles mehr! Für *Sie!*
Paulus beschreibt in seinem Epheser-Brief die Bibel als „*Schwert des Geistes*":
Epheser 6, 17: „*Nehmt ... das Schwert des Geistes, das ist **Gottes Wort!**"*
„Schwert" ist hier metaphorisch gemeint, denn Jesus verbietet Gewalt! Mit dem Wissen über den biblischen Inhalt = Schwert des Geistes können Sie das Schlechte vom Guten unterscheiden („abschneiden") und sich im allgemeinen Chaos orientieren. Wenn Ihnen jemand Quatsch erzählt oder Sie manipulieren will, werden Sie das im Vergleich zum biblischen Inhalt erkennen.

Wichtig ist hier, dass Sie von Gott den Heiligen Geist erbitten, damit Er Ihnen den Inhalt Seines Wortes, der Bibel, offenbart = lebendig macht!
Ein WithJesus-Mitarbeiter wollte, *bevor* er Christ wurde, auch in der Bibel lesen, spürte aber beim Lesen eine merkwürdige Blockade. Erst, als er Christ wurde, verstand er den Inhalt der Bibel. Hier sein Versuch, das zu beschreiben:
„Ich empfand das Lesen der Bibel, als ob ich versuchte, in Honig zu schwimmen. Ich kam einfach nicht weiter, der Inhalt erschloss sich mir nicht, die Wörter ergaben für mich kaum Sinn, trotzdem ich sehr interessiert war und mich zu Jesus hingezogen fühlte, was ich mir auch nicht erklären konnte. Einige Jahre später wurde ich Christ und plötzlich konnte ich kaum aufhören, die Bibel zu lesen! Ich ließ sogar meine Arbeit liegen, konnte diesem Buch nicht widerstehen und las stundenlang und es war, als ob ich während dem Lesen die Sandalen der Menschen in der Bibel im Sand gehen hörte, ihr Gewand rauschen und während dem Lesen direkt neben ihnen sitzen würde!"

Geben Sie nicht auf – hier ist die Lösung: bitten Sie Gott in Ihren eigenen Worten, dass Er Ihnen Sein Wort offenbart. Genauso, wie wenn Sie als Kind Ihre Eltern gebeten hätten, etwas vorzulesen. Jesus bestätigt das in **Matthäus 13, Vers 10f:** *„Euch ist's gegeben, die Geheimnisse des Himmelreichs zu verstehen, diesen aber ist's nicht gegeben ... Denn mit sehenden Augen sehen sie nicht und mit hörenden Ohren hören sie nicht; und sie verstehen es nicht ... das Herz dieses Volkes ist verstockt ... Aber selig sind eure Augen, dass sie sehen, und eure Ohren, dass sie hören.“*
Beginnen Sie mit dem Lukas-Evangelium, danach kommt die Apostelgeschichte – eine dynamische Geschichte, spannend wie ein Abenteuerfilm!

Welche Übersetzung der Bibel für ist wen zu empfehlen? Die **Neues -Leben-Bibel** ist in einem sehr leicht verständlichen Deutsch geschrieben. Die Übersetzung von **Hans Bruns** ebenfalls und beinhaltet nach fast jedem Absatz auferbauende Zusatz-Erklärungen. Die **Elberfelder-Übersetzung** ist näher den Urtexten und beinhaltet ebenfalls Zusatz-Erklärungen, aber mit hochinteressanten sprachlichen oder historischen Hintergrund-Infos.
Vielleicht in einem etwas „sperrigem" Deutsch, aber am genauesten übersetzt ist sicher die **Schlachter-Bibel. Egal, welche Übersetzung:** Es macht keinen Sinn, eine wertvolle Bibel mit Ledereinband von 1820 im Regal zu Dekorationszwecken verstauben zu lassen.
Besser eine billige Bibel aus der Schule in Paperback, zermuddelt, mit erbsengrünem Cover im Stil der 70er Jahre, aber dafür regelmäßig gelesen.

Schritt 6/7 Nachfolge Jesu: Ihr Schlüssel

Wie immer gibt es ein paar Verpflichtungen. Man kann jetzt lange herumlabern, ob das eine „Drohbotschaft" oder eine „Frohbotschaft" ist – es ist wie bei den Verkehrsregeln: fahren sie bei Rot über die Ampel, sind Sie in Gefahr; Fahren Sie bei Grün, sind Sie auf der „sicheren Seite" – es kommt auf's Gleiche hinaus. **Mit dem folgenden System geben Sie Gott Anrecht und eine Einladung, Ihr Leben zu ungeahnter Blüte, Freiheit und Entfaltung zu bringen.**

• Befolgen sie die 10 Gebote – das bringt Ihnen Schutz und Segen
Die Katholische Kirche hat Reihenfolge und Inhalt leicht verändert.
Die originale Version finden Sie hier und in Ihrer Bibel im
2. Buch Mose 20,1-17: *„Ich bin der Herr, dein Gott, der dich aus der Sklaverei in Ägypten befreit hat. [1. Gebot] Du sollst außer mir keine anderen Götter haben.*

[2. Gebot] *Du sollst dir kein Götzenbild anfertigen von etwas, das im Himmel, auf der Erde oder im Wasser unter der Erde ist. Du sollst sie weder verehren noch dich vor ihnen zu Boden werfen, denn ich, der Herr, dein Gott, bin ein eifersüchtiger Gott! Ich lasse die Sünden derer, die mich hassen, nicht ungestraft, sondern ich kümmere mich bei den Kindern um die Sünden ihrer Eltern, bis in die dritte und vierte Generation. Denen aber, die mich lieben und meine Gebote befolgen, werde ich bis in die tausendste Generation gnädig sein.* [3. Gebot] *Du sollst den Namen des Herrn, deines Gottes, nicht missbrauchen. Denn der Herr wird jeden bestrafen, der seinen Namen missbraucht.* [4. Gebot] *Denk an den Sabbat und heilige ihn. Sechs Tage in der Woche sollst du arbeiten und deinen alltäglichen Pflichten nachkommen, der siebte Tag aber ist ein Ruhetag für den Herrn, deinen Gott. An diesem Tag darf kein Angehöriger deines Hauses irgendeine Arbeit erledigen. Das gilt für dich, deine Söhne und Töchter, deine Sklaven und Sklavinnen, dein Vieh und für alle Ausländer, die bei dir wohnen. Denn in sechs Tagen hat der Herr den Himmel, die Erde, das Meer und alles, was darin und darauf ist, erschaffen; aber am siebten Tag hat er geruht. Deshalb hat der Herr den Sabbat gesegnet und für heilig erklärt.* [5. Gebot] *Ehre deinen Vater und deine Mutter. Dann wirst du lange in dem Land leben, das der Herr, dein Gott, dir geben wird.* [6. Gebot] *Du sollst nicht töten.* [7. Gebot] *Du sollst nicht die Ehe brechen.* [8. Gebot] *Du sollst nicht stehlen.* [9. Gebot] *Du sollst keine falsche Aussage über einen deiner Mitmenschen machen.* [10. Gebot] *Du sollst den Besitz deines Nächsten nicht begehren: Weder sein Haus, seine Frau, seinen Sklaven, seine Sklavin, sein Rind, seinen Esel oder sonst etwas, das deinem Nächsten gehört.*

• Wenn Sie gesündigt haben, sündigen Sie nicht mehr

Egal, welche Sünde Sie getan haben – wenn Sie Christ werden, ist Ihnen vergeben, Basta. Ja, auch bei Mord. Hier nur ein Beispiel von vielen im **Paulus-Brief an die Epheser 4, 28:** *Wer ein Dieb ist, soll aufhören zu stehlen. Er soll seine Hände zu ehrlicher Arbeit gebrauchen und dann anderen, die in Not sind, großzügig geben."*

• Vergebung statt Rache, segnen statt verfluchen: „Liebt eure Feinde!"

Wir wissen bestens, was Menschen anderen Menschen antun können. Auch was manche Möchtegern-Christen (denn sie waren in diesen Momenten keine Christen!) anderen Menschen angetan haben, wirft einen Schatten auf die unfassbare Liebesbotschaft Jesu. Da bekommen sogar echte Christen Gedanken der Rache, tun es aber nicht – das Leben der Christen kann manchmal eine deftige Herausforderung werden! Gott hat uns durch Jesus vergeben, also sollen auch wir unseren Sündigern vergeben, betet uns Jesus sogar im *Vater Unser* vor (Matthäus 6,9). **Das alles sind Zitate von Jesus persönlich in**

Lukas 6,37: *„Und richtet nicht, so werdet ihr auch nicht gerichtet. Verdammt nicht, so werdet ihr nicht verdammt. Vergebt, so wird euch vergeben."*

Lukas 6,27f: *„Liebt eure Feinde. Tut denen Gutes, die euch hassen. Betet für das Glück derer, die euch verfluchen … die euch verletzen. Wenn jemand dich auf die eine Wange schlägt, dann halte ihm auch die andere hin. Wenn jemand deinen Mantel will, biete ihm auch dein Hemd an. Wer dich bittet, dem gib, was du hast; und wenn dir etwas weggenommen wird, versuche nicht, es wiederzubekommen. Behandle andere so, wie du von ihnen behandelt werden möchtest. Glaubt ihr, ihr hättet dafür Anerkennung verdient, dass ihr die liebt, die euch auch lieben? Das tun sogar die Sünder! Und wenn ihr nur denen Gutes erweist, die euch Gutes tun, was ist daran so anerkennenswert? Selbst Sünder verhalten sich so! Oder wenn ihr nur denen Geld leiht, die es euch zurückzahlen können, was ist daran außergewöhnlich? Selbst Sünder leihen ihresgleichen Geld in der Hoffnung, die volle Summe zurückzuerhalten … Und macht euch keine Sorgen, weil sie es euch vielleicht nicht wiedergeben werden. Dann wird euer Lohn im Himmel groß sein und ihr handelt wirklich wie Kinder des Allerhöchsten, denn er erweist auch den Undankbaren und den Bösen Gutes."*

Verüben Sie keine Rache, sagt Gott schon zur Zeit des Alten Testaments in 5. Buch Mose 32,35: *„Mir allein steht es zu, Rache zu nehmen und Vergeltung zu üben."*

Wir sollen im Vertrauen vergeben, Gott wird sich der Übeltäter annehmen.

• Zahlen Sie den „Zehnten" – so dürfen Sie Gottes Segen herausfordern!
Zahlen Sie pünktlich Ihre Steuern, spenden Sie den zehnten Teil = 10% Ihres Nettoverdienstes ins Reich Christi (Christen-Gemeinde, bedürftige Christen, christliche Hilfsdienste etc.). *Nicht* 10% des Bruttoverdienstes, denn davon soll ja die Steuer gezahlt werden, erklärt Jesus in

Matthäus 22,21: *„So gebt dem Kaiser, was des Kaisers ist* [also die Steuern, Anm.], *und Gott, was Gottes ist* [der Zehnte, Anm.]. *"*

Gott segnet uns, wenn wir den Zehnten zahlen – und damit (einmalig in der Bibel!) dürfen wir Gott sogar herausfordern!

Maleachi 3,10: *„Bringt den kompletten zehnten Teil eurer Ernte ins Vorratshaus, damit es in meinem Tempel genügend Nahrung gibt. »Stellt mich doch damit auf die Probe,«* spricht der allmächtige Herr, *»ob ich nicht die Fenster des Himmels für euch öffnen und euch mit **unzähligen Segnungen** überschütten werde!"*

Das ist natürlich eine Vertrauensprobe: **das WithJesus-Team kennt viele Christen, die in existenzieller Not diese Herausforderung Gottes in der Praxis ausprobiert haben** – und sie wurden von Gott aus ihrer Not herausgeführt! Plötzlich hier ein Job, ein Anruf mit einem Arbeitsangebot, hier eine Spende, da ein Geschenk – Gott versorgt diejenigen, die Ihm vertrauen und Seinen Empfehlungen folgen!

Ihr WithJesus-Autor *dieser vorliegenden Zeilen* hat das selbst ausprobiert! verschuldet, weil betrogen, gab er dennoch den Zehnten, obwohl nicht mal 150% seines momentan vorhandenen Geldes ausreichten, um die dringendsten Ausgaben zu bezahlen: Essen, Strom für seine Wohnung, etc. Nur zwei Tage, nachdem er das erste Mal den Zehnten gezahlt hatte, kam ein wohlhabender Christ auf ihn zu und fragte: „Ich habe von Gott den Eindruck bekommen, dass ich dir Geld borgen soll!" Der wohlhabende Christ konnte nichts von der Notlage des betrogenen Bruders wissen – und borgte ihm genug Geld, damit er eine Umverschuldung erwirken konnte. Weiter ging es in Riesenschritten aufwärts: Aufträge flatterten ins Haus, Kunden bezahlten verlässlich, Frau kennengelernt, Familie gegründet, Eigenheim fertig bezahlt, WithJesus-Mitarbeiter geworden. Ein empirisch-wissenschaftlicher Beweis: Gott versorgt alle Menschen, die Ihm vertrauen – speziell, wenn sie den „Zehnten" geben.

• **Bleiben Sie den Gesetzen Ihres Landes treu, beten Sie für Chefs, Politiker**
1. Timotheus Kapitel 2,2: *„So sollt ihr für die Herrschenden und andere Menschen in führender Stellung beten, damit wir in Ruhe und Frieden so leben können, wie es Gott gefällt und anständig ist."*
Paulus-Brief an die Römer 13,1f: *„Jedermann sei untertan der Obrigkeit, die Gewalt über ihn hat ... um des Gewissens willen. Deshalb zahlt ihr ja auch Steuer."*
Ja, auch wenn man sich gerne über Vorgesetzte und Politiker, den eigenen Pastor, die Leiter oder den Pfarrer der eigenen Kirche aufregt und das vielleicht sogar zurecht: beten Sie für diese Menschen, bleiben Sie ihnen treu – Gott hat *diesen Vorgesetzten* die Verantwortung gegeben. Ausnahmen: **1.** im Falle bibelferner Anforderungen, Extrembeispiel die Verpflichtung, Juden im Deutschland des zweiten Weltkrieges zu verraten und auszuliefern. **2.** Oder Gott sagt Ihnen, dass Sie wegen Inkorrektheiten oder Ähnlichem Ihre Kirche verlassen dürfen.

• **Seien Sie treu in der Ehe.** Sex ist super! Aber nur innerhalb einer Ehe. Denn: im Grunde gibt es überhaupt keinen „Sex vor der Ehe", denn *in dem Moment*, wenn ein Paar miteinander schläft (auch bei Sex gegen Bezahlung – Sie verstehen), sind Sie vor Gott ein Ehepaar:

1. Korinther 6,16: *„Oder wisst ihr nicht, dass, wer der Hure anhängt, ein Leib mit ihr ist? Denn es werden*, heißt es, *‚die zwei ein Fleisch sein‘.“*
Sex ist etwas Heiliges – es ist unser Anteil am Akt der Schöpfung!
Leute, hier ist *das Leben* dahinter!
1. Mose 2,24: *„Darum wird ein Mann seinen Vater und seine Mutter verlassen und seiner Frau anhängen, und sie werden zu einem Fleisch werden.“*
Wollen Sie maximalen Segen? Dann bleiben Sie Ihrem Ehepartner treu:
Matthäus 5,27 & 28: *„Ihr habt gehört, dass gesagt ist: Du sollst nicht ehebrechen. Ich aber sage euch, dass jeder, der eine Frau ansieht, sie zu begehren, schon Ehebruch mit ihr begangen hat in seinem Herzen.“*

Sie wollen sich trennen, weil Ihre Ehe Ihrer Meinung nach am Ende ist? Quatsch! Sorry, Leute – an wen glaubt ihr? **Wir reden hier von dem allmächtigen Gott der Bibel, Vater von Jesus Christus!** Einem Paar ihre „erste Liebe“ wieder zurückzugeben, ist doch wohl ein Kinderspiel für Gott! Setzen Sie sich mit Ihrem Ehepartner hin und beten Sie, empfiehlt Jesus persönlich in
Matthäus 18,19: *„Wenn zwei von euch hier auf der Erde darin eins werden, eine Bitte an Gott zu richten, dann wird mein Vater im Himmel diese Bitte erfüllen.“*

• **Kümmern Sie sich in erster Linie um das „Reich Gottes“.**
Dann wird Gott Sie mit allem versorgen, was Sie tatsächlich brauchen.
Das Reich Gottes ist das Reich Jesu Liebe & Vergebung. Daran arbeiten heißt Liebe weitergeben (auch Feinden!), barmherzig und sozial wirken, u.s.w.
Matthäus 6,33: *„Macht das Reich Gottes zu eurem wichtigsten Anliegen, lebt in Gottes Gerechtigkeit, und er wird euch all das geben, was ihr braucht.“*
Klar ist das ein Akt des Loslassens im Vertrauen: „eigentlich wollte ich für mein neues Auto arbeiten und sparen ...“ Aber vielleicht brauchen wir gar kein neues Auto? Klar sollen wir arbeiten oder Verantwortung in unseren Familien übernehmen, aber vielleicht will Gott uns z.B. vor unvorhergesehen Kosten bewahren? Das WithJesus-Team kennt unzählige Zeugnisse von Christinnen und Christen, die ihre Arbeit am Reich Gottes über Ihren Wohlstand stellten: plötzlich kam „aus dem Nichts“ ein Job mit besserer Bezahlung *und* der ihnen noch mehr Zeit für ihre Familie *und* der Arbeit am Reich Gottes ermöglichte. Oder eine Geldsumme für die Unterstützung. Oder Gott schenkte durch völlig unvorsehbare Vorkommnisse einem Christen ein Haus! Unrealistisch? *Ihr WithJesus-Autor dieser Zeilen sitzt in diesem Haus – jetzt!* Christinnen und Christen, die ernsthaft diese Bibelstelle praktizierten, wurden von Krankheiten geheilt, Ehen wurden wiederhergestellt, Existenzen gerettet.

• **Erzählen Sie von Jesus – und Jesus wird vor Gott für Sie einstehen Markus 16,15:** *„Geht hinaus in die ganze Welt und verkündet allen Menschen die rettende Botschaft. **Wer glaubt und sich taufen lässt, wird gerettet werden.** Wer aber nicht glaubt, der wird verurteilt* [nach dem Gewissen gerichtet] *werden.* "
Der letzte Teil dieses Statements von Jesus klingt brutal. Aber die Hölle ist eher ein Zustand als ein Ort. Und diesen Zustand verursachen die Menschen durch Starrsinn und Stolz *selbst* – sie lehnen die rettende Hand Gottes ab.
Die rettende Hand ist Gottes Angebot, an Seinen Sohn Jesus zu glauben.
Dieser Glaube an Jesus ist unsere Garantie für Errettung und ewiges Leben.

• **Erzählen Sie von Jesus – aber ohne Zwang, nicht wie manche aufdringlichen Missionare:** das erklärt der Prophet Sacharja (Altes Testament) in
Sacharja Kapitel 4, Vers 6: *„Nicht durch Macht und nicht durch Kraft, sondern durch meinen Geist! spricht der Herr* der Heerscharen!"* (*Damit ist Gott gemeint, Anm.). *„Nicht durch Macht und Kraft"* heißt, dass Sie ihre Mitmenschen nicht mal mit den überlegtesten Argumentenen überzeugen können – das kann nur Gott mit Seinem Heiligen Geist. Wenn manche Menschen (auch Menschen in Not, die eigentlich Gottes Hilfe brauchen würden) wirklich nichts von Jesus hören wollen, befolgen Sie Jesu Rat in
Markus 6,11: *„Und wenn ... man nicht auf euch hören will, dann schüttelt den Staub von euren Füßen, wenn ihr geht."*
Aber Sie können, eigentlich sollten, immer für Ihre Mitmenschen beten, dass Sie den Glauben an Jesus annehmen, um davon immens zu profitieren.

• **Beten Sie – ja, es hilft und wirkt Wunder! Gott hört Sie!** Wer betet, gibt Gott das Anrecht, im Leben zu helfen – mehr Info in Kap. 2.3.

Schritt 7/7 Nachfolge Jesu: Ihr Lohn!
Sicher durch die Endzeit. Neue Fähigkeiten.

Kritiker des Christentums verurteilen, dass „Christen die Verantwortung Ihres Lebens an einen Gott abgeben". Quatsch, stimmt nicht – Christinnen und Christen nehmen noch *viel mehr Verantwortung* auf sich: Feindesliebe, zweite Backe hinhalten, keine Vergeltung, keine Rache, immer die Wahrheit sagen, Barmherzigkeit und viel mehr.
Dafür werden wir aber von Gott reich beschenkt:
Sie werden Talente = Fähigkeiten bekommen, die Sie noch nie hatten.

Die „Endzeit" oder „Apokalypse" (griechisch „Entschleierung") kennen wir aus zahlreichen Filmen, die „das Ende der Welt", den dritten Weltkrieg und ähnliche Unbequemlichkeiten behandeln. Wer die Bibel aufmerksam liest, wird entdecken, dass die Endzeit erst ab der Wiederentstehung Israels (1948) passieren kann. Also kommen wir dieser Zeit immer näher.
**Dafür werden wir aber für Gott großartig ausgerüstet –
hier weitere Versprechen von *Jesus persönlich:***

Haben Sie Sorgen? Es wirkt schon, wenn Sie sich sagen „ich will mir keine Sorgen machen – Gott hilft mir!" Beten Sie zu Gott in Ihren Worten, denn in **Matthäus 7,7** (empfiehlt Jesus persönlich): *„Bittet, so wird euch gegeben; sucht, so werdet ihr finden; klopft an, so wird euch aufgetan!"*
Matthäus 11,28 (Angebot von Jesus persönlich): *„Kommt her zu mir, alle, die ihr mühselig und beladen seid; ich will euch erquicken."*

Sie geben Gott mehr Anrecht im Gebet zu Zweit bzw. zu Dritt u.s.w., Ihnen zu helfen – bitte lesen Sie dieses unfassbare Angebot Jesu in
Matthäus 18,19: *„Wenn zwei von euch auf der Erde gemeinsam um irgendetwas bitten, wird es ihnen von meinem Vater im Himmel gegeben werden. Denn wo zwei oder drei in meinem Namen versammelt sind, da bin ich in ihrer Mitte."*

Übergeben Sie Ihre Sorgen im Gebet an Jesus. Er findet Lösungen für Sie.
Matthäus 6,25f: *„Sorgt euch nicht um euer tägliches Leben – darum, ob ihr genug zu essen, zu trinken und anzuziehen habt. Besteht das Leben nicht aus mehr als nur aus Essen und Kleidung? Schaut die Vögel an. Sie müssen weder säen noch ernten noch Vorräte ansammeln, denn euer himmlischer Vater sorgt für sie. Und ihr seid ihm doch viel wichtiger als sie. Können all eure Sorgen euer Leben auch nur um einen einzigen Augenblick verlängern? Nein. Und warum sorgt ihr euch um eure Kleider? Schaut die Lilien an und wie sie wachsen. Sie arbeiten nicht und nähen sich keine Kleider. Trotzdem war selbst König Salomo in seiner ganzen Pracht nicht so herrlich gekleidet wie sie. Wenn sich Gott so wunderbar um die Blumen kümmert, die heute aufblühen und schon morgen wieder verwelkt sind, wie viel mehr kümmert er sich dann um euch?"*
Matthäus 6,33: *„ Setzt euch zuerst für Gottes Reich ein und dafür, dass sein Wille geschieht. Dann wird er euch mit allem anderen versorgen."* (S. Schritt 6/7)
Das heißt jetzt nicht, dass wir faul sein dürfen. Wir sollen ja etwas tun – aber Gott wirkt im Hintergrund und es werden sich unglaubliche, überraschende Geschehnisse ergeben – für Ihre Hilfe.

Sind sie krank? Dann beten Sie um Heilung! Ihr Glaube an Jesus als Gottes Sohn gibt Gott Anrecht, sie vor allem Möglichen zu schützen und zu heilen: **Markus 16,18:** *„Sie werden Schlangen anfassen oder etwas Tödliches trinken können, und es wird ihnen nicht schaden.* **Sie werden Kranken die Hände auflegen und sie heilen.** *"*

Sind Sie Christ geworden, werden Sie von Gott neue Talente bekommen! Gott schenkt neue Fähigkeiten, auch Salbung genannt.
1. Korinther 12,7: *„Jedem von uns wird eine* **geistliche Gabe zum Nutzen der ganzen Gemeinde** *gegeben. Dem einen gibt der Geist also die Fähigkeit,* **guten Rat** *zu erteilen [im griech. Urtext „Weisheit"], einem anderen verleiht er die* **Gabe besonderer Erkenntnis.** *Dem einen schenkt er einen besonders* **großen Glauben** *[z.B. zur Auferbauung von Mitmenschen],* dem anderen die Gabe, **Kranke zu heilen** *— das alles bewirkt der eine Geist. Dem einen Menschen verleiht er Kräfte, dass er* **Wunder tun** *kann, einem anderen die* **Fähigkeit zur Prophetie.** *Wieder ein anderer wird durch den Geist befähigt zu* **unterscheiden,** *ob wirklich der Geist Gottes oder aber ein anderer Geist spricht. Und dem einen gibt der Geist die Gabe, in* **anderen Sprachen** *zu sprechen, während er einen anderen befähigt, das Gesagte auszulegen. Dies alles bewirkt aber ein und derselbe* **Heilige Geist,** *indem er diese Gaben zuteilt und allein entscheidet, welche Gabe jeder Einzelne erhält. "*

Sie werden neue Fähigkeiten bekommen: Sie können Prophet werden, z.B. plötzlich ein bisher unentdecktes Talent der Rhetorik (Sprachgewandtheit) an sich praktizieren, ungeahnte handwerkliche oder geisteswissenschaftliche Fähigkeiten entwickeln, plötzlich ungewöhnlich schnell ein Instrument erlernen — all diese Fähigkeiten werden im Reich Gottes gebraucht.
Pflegen = praktizieren Sie Ihre neuen Talente und diese werden mehr!
Wer ist nochmal der Heilige Geist? Info ab Seite 118.

Das hier ist „Zungenrede", auch genannt „Gebet in anderen Sprachen": ein Geschenk Gottes, „überreicht" während einem **der unfassbarsten Vorkommnisse der Bibel,** dem sogenannten „Pfingsterlebnis" = die ersten Pfingsten, die **Ausgießung des Heiligen Geistes** — hier erlebten Menschen das erste Mal den Heiligen Geist als den von Jesus angekündigten Beistand.
Bitte lesen Sie dazu Apostelgeschichte Kapitel 1 & 2 in Ihrer Bibel.
Spannender als ein Abenteuerfilm, weil *wirklich* **passiert!**
Erklärung dazu: der Heilige Geist hat die junge Gemeinde Jesu bald nach Jesu Kreuzigung und Auferstehung zur sog. „Zungenrede" inspiriert, und sie haben

damit Gott gepriesen. **Jeder der neuen Christen hörte die Jünger Jesu damals plötzlich in *seiner jeweils eigenen Sprache* reden!** Und die Nicht-Gläubigen Anwesenden konnten sich dieses unfassbare Wunder nicht erklären und dachten, die Christen seien betrunken. Denn „Gebet in Zungen" bzw „in Sprachen" kann schon mal ein wenig befremdend oder lustig klingen, wenn man Christen (hauptsächlich in freichristlichen Gemeinden) mit konzentriertem Gesicht und geschlossen Augen laut, leise, vielleicht singend, schnatternd, flüsternd, in ihren eigenen Sprachen wie mit soeben neu erfundenen Wörtern beten hört. Oder in Worten, die es in unseren Sprachen gibt, nur – für Außenstehende – etwas sinnentleert zusammengesetzt. Aber irgendwann schenkt Gott jedem Christen, der Ihn darum bittet, die Fähigkeit, das Sprachengebet nachvollziehen zu können. Die Zungenrede ist ein Geschenk von Gottes Geist, der sich mit unserem Geist unterhält – und es spielt nicht mal eine Rolle, ob der Betende es im Moment des Betens genau versteht. Denn im Sprachengebet kann ein Betender genau das ausdrücken, was Worte nicht mehr fomulieren können. Ein Mensch, der „in neuen Sprachen" betet, betet direkt zu Gott, bestätigt Paulus.
Zum Zungen- oder Sprachengebet zwei Beispiele aus der Praxis:

Beispiel 1/2 Ein junger Christ, neues Mitglied einer Christengemeinde, betritt den Gottesdienst. Es wird Lobpreis gesungen und plötzlich beginnt die ganze Gemeinde „in Sprachen" zu singen. Der junge Mann hört das zum ersten Mal, ist im ersten Moment verwundert, im nächsten *versteht* er, worum es geht – und empfindet das Sprachengewirr der Gläubigen, als ob „der Himmel ober dem Gemeindesaal offen wäre und tausende Engeln zu den Lobpreisliedern mitsingen!" so das Empfinden des erstaunten jungen Christen.

Beispiel 2/2 Eine Christin, Mutter eines 14jährigen Mädchens, wartet zu Mittag vergeblich, dass der junge Teenager nach der Schule endlich nach Hause kommt. Als es immer später wird, bekommt die Mutter echte Angst – und beginnt plötzlich das erste Mal in Sprachen zu beten. „Vor Sorge wusste ich nicht mehr, welche Worte ich beten sollte, aber plötzlich waren da neue Worte, ein fließendes Gebet in einer mir unbekannten Sprache. Es war, als ob ich mit diesen neuen Worten meine Angst fortbetete!" Die Tochter kam kurz darauf wohlbehalten nach Hause ...

• Der heilige Geist inspiriert uns im wahrsten Sinne des Wortes (*in*spiriert = Spirit „*in*" uns hinein"), dann können wir – **also auch SIE, liebe Leserinnen und Leser!** – weissagen, prophetische Träume erhalten, prophetische Bilder &

Informationen von Gott bekommen – das durften unzählige Christen erleben und das wurde ihnen in der Realität bestätigt!

• Bitten Sie Gott, dass Er Ihnen Ihre neuen Talente und Ihre Berufung zeigt: vielleicht bekommen Sie das Talent der Prophetie, lernen plötzlich übernatürlich schnell ein Instrument oder das Singen (um Gott zu preisen) oder Sie werden eine geniale Organisatorin – die Bibel ist voll von Angeboten!

Sicher durch die Endzeit. Keine Bange!

Wenn man Christ wird, also glaubt, dass Jesus Gottes Sohn und für uns gestorben ist (mehr Info s. S. 118), beginnt Gott, unser Leben zu reparieren und zur vollen Blüte zu bringen, schenkt uns übernatürliche Talente u.v.m. Aber Gott verspricht auch Schutz, denn in der Bibel werden für die letzte Zeit, bevor Jesus kommt, Kriege und Erdbeben angekündigt.

Bevor das Chaos losgeht, müssen jedoch die Juden nach Israel wieder zurückkehren können – das wurde mit der Revitalisierung Israels 1948 möglich.

Jeremia 32,37 (600 v. Chr): *„Ich* [Gott, Anm.] *sammle mein Volk aus allen Ländern, in die ich sie in meinem Zorn, meiner Erbitterung und meiner gewaltigen Wut gejagt habe. Ich will sie hier an diesen Ort* [Israel, Anm.] *zurückbringen, und sie sollen sicher und in Frieden leben."*

Selbst in schweren Zeiten gilt: nicht fürchten, sondern freuen, denn ...
... Gott kämpft für uns!
Egal, ob Krieg, Hungersnot, Pandemie, Viren – Gott wird uns helfen!

Hebräer 13,5-6: *„Ich will dich nicht verlassen und nicht von dir weichen ... Der Herr ist mein Helfer, ich fürchte mich nicht."*
Markus 13,7 (Jesus sagt): *„Ihr werdet von Kriegen und Kriegsgerüchten hören, aber habt keine Angst."*
2. Buch Mose 14,14: *„Der Herr selbst wird für euch kämpfen. Bleibt ganz ruhig!"*
Matthäus 5,12: *„Freut euch darüber! Jubelt! Denn im Himmel erwartet euch eine große Belohnung."*

Das ist die „Entrückiung": Sie werden, wenn Sie Christ sind, „entrückt" werden, bevor der Rest der Menschheit völlig durchdreht. Tief Luft holen – mit Entrückung ist nichts Geringeres gemeint, als dass zu einem gewissen Zeitpunkt plötzlich zuerst alle verstorbenen Christen auferstehen, um gleich danach mit allen lebenden Christen weltweit in den Himmel auffahren werden, dem wiederkehrenden Jesus entgegen, der sie in den Wolken empfängt. Alle Christen werden ihre Vorfahren – so sie Christen waren – kennenlernen, auch wenn diese vor 200, 300 oder 500 Jahren gelebt haben. Hey, vielleicht werden Sie ihre gläubige Ur-ur-urgroßtante kennenlernen, die im 14. Jhdt. lebte und von der Sie bisher noch nie etwas wussten!

Mit Entrückung ist *nicht* der Tod der Gläubigen gemeint, sondern eine Art übernatürlicher Evakuierung vor dem Chaos der sog. „Endzeit".
So irre dieses Thema klingt: es wird in der Bibel ernst behandelt, also soll das auch hier passieren. Und so lautet es im Original im
1. Brief des Paulus an die Thessalonicher 4,16: *„.... denn der Herr selbst wird, wenn der Befehl ergeht und die Stimme des Erzengels und die Posaune Gottes erschallt, vom Himmel herabkommen, und die Toten in Christus werden zuerst auferstehen. Danach werden wir, die wir leben und übrigbleiben, zusammen mit ihnen entrückt werden in Wolken, zur Begegnung mit dem Herrn, in die Luft, und so werden wir bei dem Herrn sein allezeit."*
Dazu wird der irdische, also „fleischliche" Leib, in einen **„Auferstehungsleib"** umgewandelt, erklärt Paulus in
1. Korinther 15, Vers 44: *„... es wird gesät ein natürlicher Leib, und es wird auferweckt ein **geistlicher Leib, wir werden aber alle verwandelt werden** ... plötzlich, in einem Augenblick, **zur Zeit der letzten Posaune** ... die Toten werden auferweckt werden, unvergänglich sein, und wir werden verwandelt werden."*

(Mehr zum Thema Endzeit im Buch „Glauben? Wissen!" des WithJesus-Teams)

Jaaa jaaa, starker Tobak, das ist uns bewusst – aber Gott will, dass es uns gut geht. Und Sie können jetzt, jetzt, jetzt beginnen, das alles in Anspruch zu nehmen.
Gratis!
Also, wenn Sie's noch nicht getan haben ... schnell zu Schritt 1/7!

7.0 Wer ist das WithJesus-Team und was tun wir?

7.I Wir sind keine Sekte, sondern ganz normale Typen

„With Jesus" ist eine Vereinigung christlicher Künstler/innen, Forscher/innen, Autor/innen, Musiker/innen, Historiker/innen, Theolog/innen u.v.m., die **Events und Konzerte** veranstalten, **Bücher** schreiben, **Musik** und **Merchandising** produzieren (das sind Fan-Artikel wie bedruckte T-Shirts, Kappen, Geschenkartikel etc). Und das zu bestem Preis-Leistungs-Verhältnis!

Das Einzigartige und weltweit Neue an „With Jesus" ist jedoch, dass *niemand unseres Teams* mit Namen aufscheint: **wir arbeiten anonym und verzichten auf Ruhm und Ehre.** Es gibt schon genug „Stars der christlichen Manege". Es gibt bei uns keine Möchtegern-CEOs, Pseudo-Chefs noch selbsternannte Leiter, sondern nur Menschen, die Ihre Klappe halten, anpacken und arbeiten. **Denn Ruhm und Ehre soll nur Einer bekommen: Jesus!**
Sollten Sie, liebe Leser, *keine* Christen sein: dieser Satz hat jetzt ein bisschen pathetisch geklungen, das ist uns bewusst, wird aber im Buch erklärt.
Wir sind *keine* **abgehobenen Esoteriker,** Endzeitpropheten mit scheppernder Handglocke, leidend dreinblickende Kirchensäusler und Kerzen-Anzünder. Wir glauben *nicht* an UFOs, die uns Elvis zurückbringen.

Wir sind ganz normale Menschen, die Weihnachten feiern oder mit ihren Familien auf Urlaub fahren, mit den Kindern ein Baumhaus bauen, auch mal gerne ein Bier trinken oder an gerne an alten Autos basteln. Aber Gott hat uns außergewöhnliche Talente geschenkt, die wir weitergeben wollen.
Unser Ziel ist:
1.) Wir wollen auf unseren Events **allen Menschen Zugang zum größten Abenteuer der Welt** anbieten, und das ist: **Christ zu werden, damit Gott helfen kann.**
Wir veranstalten großartige und unterhaltsame Abende, mit **Live-Musik, Bands, ermutigenden Vorträgen u.v.m. – Eintritt frei bzw. anonyme Spende!**

Und zwar ohne versteckte okkulte, sex- oder hasserfüllte Botschaften und ähnlichem Quatsch, wie es z.B. in der heutigen Musik gang und gäbe ist.

Christliche Gemeinden aller Konfessionen können uns „buchen" und wir veranstalten bei ihnen *gratis* einen Abend, der vielleicht der wichtigste und schönste im Leben eines Menschen werden könnte.
Und von Menschen besucht wird, die wegen schlechter Erfahrungen oder Vorurteilen christlichen Veranstaltungen bis dahin ferngeblieben sind.

Das WithJesus-Team will *allen* Menschen (egal, welcher Herkunft oder Religion) echte Auferbauung, Hoffnung und Mut schenken!

2.) Wir arbeiten daran, möglichst alle **Christen aller Konfessionen zusammenbringen**, damit Katholiken, Evangelische, Freikirchler, Orthodoxe und egal, wie die Christen alle heißen, **sich wieder in Ihrer einen, einzigen Wurzel verbinden: Jesus Christus, dem Sohn Gottes.**
So, wie wenn man das Licht tausender kleiner Kerzen zu einem Laserstrahl bündelt, der die Finsternis zerschneidet!

Wir wollen *allen* Menschen, egal, welchen Glauben sie haben, eine neue Gesprächsebene bieten!

Wenn die Menschen lernen (auch Christinnen und Christen), untereinander das Trennende zu vergessen und das Verbindende neu zu entdecken – dann kann die Menschheit überleben.
Und das Verbindende ist Jesus, der uns mit Seiner unfassbaren Tat den Weg zu Frieden, Glück, Harmonie und direkter Verbindung zu Gott ermöglicht hat.
Auch Sie, liebe Leser, können Gott hören. Nein, wir essen keine Drogen.

3.) Bitte abonnieren Sie unsere Videos auf YouTube, besuchen Sie unsere Events, kaufen Sie unsere Bücher, Musik, Fan-Artikel. UNSER ZIEL: wenn Sie damit unsere caritative Arbeit unterstützen und Gott uns segnet ...
... wollen wir Wohnprojekte finanzieren, die mit einer günstigen Miete Menschen nach Krisensituationen oder mit existenziellen Problemen einen Neustart in ein erfülltes Leben mit entfalteten Talenten ermöglichen soll.

PS.: und wir erzählen die Wunder in diesem Buch nicht, *weil* wir Christen sind, sondern wir sind *wegen* diesen Wundern Christen geworden ... :-D

7.2 Bis bald!

Natürlich können auf nur 148 Seiten des vorliegenden Büchleins nicht alle Themen behandelt und alle Fragen beantwortet werden.

In den nächsten Büchern (unter anderem das Buch „**Glauben? Wissen!**") des WithJesus-Teams gibt es bald hunderte Seiten mit viel mehr zusätzlicher spannender Information und Fakten:

- Zusätzliche Beweise zur Einmaligkeit der Bibel, u.a. Archäologie
- Kreationismus vs. Evolutionstheorie – das ist Fakt, das Verschwörung
- Deshalb gibt es verschiedene christliche Strömungen
- Das genau kündigt die Bibel für die „Endzeit" an, das wurde bisher wahr!
- Das sagen die biblischen Prophetien zum Nahost-Konflikt
- Die Fakten hinter den ominösen „Protokollen der Weisen von Zion"
- So orientieren Sie sich mit der Bibel im Gequassel atheistischer Philosophien und im Wirrwarr von Esoterik und Okkultismus!
- So decken Sie mit der Bibel Verschwörungstheorien auf!
- ... und Vieles mehr!

Keiner der Aposteln hatte durch die Weitergabe der Liebesbotschaft Jesu irgendeinen Gewinn an Macht oder Geld. Im Gegenteil: sie bekamen nur mehr Probleme. **Stephanus und Paulus ließen sich widerstandslos töten.**
Und verziehen Ihren Mördern und segneten sie.
Sie müssen etwas erlebt haben, dass Ihnen wichtiger als ihr eigenes Leben war.
Es waren die Wunder, die sie mit Jesus Christus erlebt haben.
Und die Erkenntnis, dass Jesus Gottes Sohn ist.

Wichtig: oft hören wir, leider meist mit süffisantem Unterton „**Es gibt viele spirituelle Wege – Deiner ist der mit Jesus, meiner ist ein anderer!**" als ob echte Christen jemanden die Liebesbotschaft Jesu aufzwingen wollen. Das tun echte Christen aber nicht, denn das ist unmöglich! Darum verbietet Gott das auch in der Bibel, denn nur Gottes Geist kann Menschen offenbaren, dass Jesus Gottes Sohn ist (s. S. 140). Gott hat sowieso für jeden einzelnen Menschen einen speziellen Weg und will uns Irrwege ersparen, die keine Frucht bringen.
Dieses Buch bietet *allen* Menschen den Eingang zum direktesten Weg zu Gott an (so wie Wasser für *alle* Durstigen gut ist) unde bietet damit die größte Energie-, Nerven- und Zeitersparnis, um uns ein erfülltes Leben zu ermöglichen. **Damit auch Sie erleben, dass ... *Gott lebt!***
Gottes Segen Ihnen allen – bis bald!